O CAMINHO DA DEUSA

KIRSTY GALLAGHER

O CAMINHO DA DEUSA

Treze passos para se tornar a sua versão mais intuitiva, autêntica e poderosa

Tradução de Mariana C. Dias

Rocco

Título original
THE GODDESS PATH
13 Steps to Becoming Your Most Intuitive, Authentic and Powerful Self

Primeira publicação em 2024 por Rider, um selo da Ebury, que é parte do grupo de empresas da Penguin Random House.

EDITORA ROCCO LTDA.
Rua Evaristo da Veiga, 65 – 11º andar
Passeio Corporate – Torre 1
20031-040 – Rio de Janeiro – RJ
Tel.: (21) 3525-2000 – Fax: (21) 3525-2001
rocco@rocco.com.br | www.rocco.com.br

Printed in Brazil/Impresso no Brasil

Preparação de originais
DUDA GUALBERTO

CIP-BRASIL. CATALOGAÇÃO NA PUBLICAÇÃO
SINDICATO NACIONAL DOS EDITORES DE LIVROS, RJ

G158c

Gallagher, Kirsty
O caminho da deusa : treze passos para se tornar a sua versão mais intuitiva, autêntica e poderosa / Kirsty Gallagher ; tradução Mariana C. Dias. - 1. ed. - Rio de Janeiro : Rocco, 2025.

Tradução de: The goddess path 13 steps to becoming your most intuitive, authentic and powerful self
ISBN 978-65-5532-575-1
ISBN 978-65-5595-376-3 (recurso eletrônico)

1. Autorrealização (Psicologia) em mulheres. 2. Autoestima em mulheres. 3. Autopercepção. 4. Espiritualidade. I. Dias, Mariana C. II. Título.

25-98415.3 CDD: 155.333
CDU: 159.923-055.2

Carla Rosa Martins Gonçalves - Bibliotecária - CRB-7/4782

Para a Deusa.

Sumário

“Está na hora de você se tornar a Deusa mais poderosa, mágica, intuitiva, livre e sábia.”

INTRODUÇÃO
O CAMINHO DA DEUSA

Bem-vinda ao Caminho da Deusa.

Este livro vai levar você a uma jornada de exploração interior e de autodescoberta. Vai ajudar a redespertar a Deusa em seu interior e, ao fazê-lo, vai resgatar tudo o que você veio aqui para ser.

Comecei a minha jornada com a Deusa há quase vinte anos, quando fiz um curso para aprender a ler as cartas do oráculo da Deusa. Estava em busca de exploração e descoberta espiritual havia alguns anos, trabalhava com os Anjos e, portanto, com as cartas angelicais. Assim que recebi os detalhes daquele curso, senti que era algo que eu estava destinada a fazer, o meu próximo passo natural. Não consigo explicar o que senti, foi como um forte chamado interior. Eu morava no norte da Inglaterra na época e não fazia ideia de como chegaria a Londres, cidade onde seria o curso, mas sabia que precisava ir. Olhando em retrospecto, sei que era a Deusa me chamando.

O curso me apresentou a um vasto mundo de orientação e sabedoria feminina ao qual eu poderia recorrer sempre que quisesse. O conforto que encontrei na Deusa foi tão incrível, que comecei a integrar essa prática nos meus rituais diários. Tirava uma carta por dia, o que me levava a trabalhar com as energias daquela Deusa, explorando mais de sua energia, história e formas com as quais ela se fazia presente na minha vida. De repente, parecia que eu não estava mais sozinha, e me vi não apenas evocando as Deusas para apoio quando eu precisava, mas começando a incorporar suas qualidades, sentindo aquela energia despertar algo dentro de mim.

O meu relacionamento com a Deusa e o feminino se aprofundou em 2009, quando passei um ano na Índia estudando ioga. Foi então que comecei a mergulhar em práticas diárias com a Deusa e a aprender a convidá-la ao nosso dia a dia, despertando, assim, a nossa Deusa interior. Aprendi mantras e orações, visitei templos e dediquei minha vida a ela — à Deusa, ao sagrado feminino. Também foi nessa época que comecei a viver em sintonia com a lua, a energia feminina do universo, e isso me convidou a entrar em contato com o meu ritmo, as minhas emoções, intuição e sabedoria interior femininos, permitindo que eu me conectasse, despertasse e abraçasse as minhas estações, os meus ciclos e progressos, e minha Deusa interior.

Ao longo das décadas, estudei diversas modalidades com diversos professores, mas a maior delas tem sido a própria Deusa. Caminhar ao seu lado, integrá-la e me devotar a ela transformou tanto a mim quanto a minha vida de maneiras que não consigo nem explicar. Ela me ajudou a conhecer quem eu sou, o que quero e a confiar em mim e nas minhas emoções, intuições e sabedorias intrínsecas. Ela tem me ajudado a encontrar a minha autoestima, a definir os meus limites e a descobrir mais a respeito do meu propósito. Ela me ensinou a despertar a versão sagrada de mim mesma e a ter contato com a energia vital e criativa do universo, para criar, tecer e fluir com a vida. Ela tem me libertado para me tornar tudo o que nasci para ser e para realmente ter a capacidade de ouvir os sussurros do meu coração e da minha alma.

Desde que convidei a Deusa para entrar na minha vida, vinte anos atrás, nunca mais fui a mesma, e agora quero compartilhar com você a jornada que trilhei e tudo o que aprendi, para que você também possa convidá-la para a sua vida e colher seus infindáveis benefícios.

Você está lendo este livro porque ouviu o chamado — aquele empurrãozinho que a instou a pegar o livro na prateleira ou a comprá-lo pela internet. Ou, ainda, talvez tenha sido aquela coisinha que se agitou em seu interior quando viu a capa e sentiu a Deusa falando com você. Isso tudo foi ela querendo que você a notasse para poder trazê-la nessa jornada de autodescoberta e transformação para você se tornar a sua versão da Deusa mais poderosa, mágica, intuitiva, livre e sábia.

Estamos em um momento da História no qual a energia da Deusa é mais necessária do que nunca. Em um mundo dominado pela sombra das energias masculinas de ganância, corrupção, capitalismo, poder e controle, precisamos permitir que o feminino ascenda e traga o equilíbrio de volta.

Ao relembrar e resgatar a Deusa interior, cada uma de nós se torna parte desta revolução e despertar tão necessários no mundo de hoje.

As palavras que você lerá aqui não são minhas; são dela, suas, nossas. São as palavras de cada mulher que existiu antes de nós e de cada mulher que ainda existirá e precisará ouvir essas mesmas palavras para resgatar a Deusa interior.

Este livro é um convite de retorno ao lar, a você mesma e a tudo que você nasceu para ser. Este livro é um relembrar. É um resgate.

Por que treze capítulos?

O livro foi escrito como uma jornada de treze passos; treze capítulos para que você possa resgatar a si mesma.

Em primeiro lugar, eu amaria falar sobre o motivo de eu ter estruturado esta obra em treze capítulos. Todas conhecemos as superstições relacionadas a esse número, mas ele é uma parte importante do nosso resgate. Treze é o número há muito associado ao sagrado feminino, pois corresponde ao número de ciclos lunares e menstruais em um ano.

Você talvez não saiba disso, mas *Friday* (sexta-feira, em inglês) também está associada ao feminino, pois recebeu o seu nome em homenagem à Deusa nórdica Freia, ou Frigga, esposa de Odin e Deusa do amor, do casamento, da fertilidade, do sexo, da magia e da previsão do futuro. Na astrologia, a sexta-feira é o dia do planeta Vênus, um dia para celebrar o romance, a beleza e o amor.

Em algum momento da história, tanto o número treze quanto a sexta-feira eram celebrados e considerados mensageiros da boa sorte, e as Deusas eram adoradas. Mas, conforme a Igreja Católica foi ganhando força na Idade Média, o paganismo passou a perder lugar, em especial a adoração do ciclo menstrual, da fertilidade ou das Deusas que promoviam coisas profanas, como sexo, prazer e magia. A Igreja fez de tudo para se distanciar disso, rotulando como "bruxas" todas as pessoas que adoravam qualquer uma dessas coisas, e assim teve início a superstição ao redor do número treze e da sexta-feira treze.

Como parte da jornada pelo Caminho da Deusa, precisamos resgatar essas Deusas, esses rituais e ritos ancestrais, então daremos treze passos para resgatá-la ao longo do caminho.

A jornada na qual você está prestes a embarcar

A jornada pelos seis primeiros capítulos começa com a descida até suas profundezas, até o submundo, abaixo da superfície e em direção a todas as suas dúvidas e medos, a tudo que tem mantido você escondida, temerosa e diminuída.

Vamos então passar um tempo no submundo e conhecer a Deusa das Sombras, que a ajudará a enfrentar e a abraçar suas sombras, explorar a alma e transformar a sua vida, libertando e liberando todo o seu ser.

Ao levar consigo tudo o que aprendeu e resgatou, você então começará a subida ao longo dos últimos seis capítulos, enquanto se lembra e resgata mais e mais de você mesma, permitindo que a Deusa interior se manifeste.

Apesar de chamarmos isso de "Caminho da Deusa", quero que se lembre de que o feminino, a Deusa, não é linear — assim como a jornada espiritual e a jornada da vida não são. Como a natureza, a Deusa oscila, flui e espirala, e eu adoraria que você enxergasse essa jornada, e a sua vida, como algo cíclico.

Não vamos de A para B, e tudo fica resolvido e curado. Com frequência, em uma jornada de autodescoberta ou em uma jornada espiritual, pode ocorrer frustração e confusão quando certas coisas não param de se repetir. Mas, na verdade, é assim que aprendemos e crescemos.

Ao longo desta jornada, você passará por estações e ciclos. Perceberá que a vida continuará a nos dar as mesmas lições, de novo e de novo, até que finalmente aprendamos. Porém, enquanto crescemos e evoluímos em nossa jornada, espiralando pelas mesmas lições e começando a lidar com isso tudo de maneira diferente, não sentimos a mesma emoção, dor e angústia intensas todas as vezes. É um momento maravilhoso em sua jornada quando você percebe que, se a mesma coisa tivesse acontecido seis meses atrás, teria lidado com a situação de um jeito diferente — e é aí que se dá conta de que está crescendo.

Veja esse caminho como uma jornada, uma espiral. Cada vez que passar por uma lição, um desafio e um período de crescimento, isso a levará de volta ao seu centro para que você lembre e resgate quem realmente é.

Leia este livro devagar e saboreie o processo. Você talvez queira lê-lo inteiro de uma só vez e, então, voltar e fazer os exercícios. Pessoalmente, recomendo que você avance capítulo a capítulo na sua primeira vez pelo caminho — na melhor das hipóteses, até passando pelo menos uma semana, talvez um mês, em cada um deles. Depois, pode voltar e revisitar qualquer um dos capítulos sempre que quiser e precisar.

Incluí uma série de rituais de resgate ao longo do livro, com a intenção de ajudá-la no processo de revelar a Deusa interior. Não apresse os rituais; conheça a Deusa e a si mesma de maneira profunda, pois é assim que fará as descobertas e as mudanças mais significativas da sua vida.

No entanto, o lembrete mais importante que quero dar a você no começo da nossa jornada juntas é que a Deusa, o feminino, não pode ser compreendida com a mente. A mente é masculina e, quanto mais tentarmos agarrar e controlar o feminino, moldá-lo em algo que tenha sentido lógico e que possa ser encaixado em uma tabela, mais ele se esquivará. O feminino é energia, é uma sensação a ser vivenciada; é a sabedoria corporal, a intuição, o saber interno, profundo e invisível.

Talvez soe um pouco místico, mas o feminino não é algo que consigamos, necessariamente, explicar com palavras; ele está além delas, então peço que *sinta* as palavras que escrevi neste livro, em vez de lê-las e tentar compreendê-las de maneira racional. Peço que enxergue isto que tem em mãos como uma transmissão de energia, não como um livro, e que o leia com o coração, não com a mente. Peço que sinta como a Deusa está se manifestando na sua vida, que a vivencie e a incorpore, em vez de tentar encontrar algum sentido.

Pode ser difícil aceitar no começo, pois você quer descobrir e entender tudo, mas a única maneira de fazê-lo é sentindo-a, incorporando-a, convidando-a e, mais importante de tudo, rendendo-se a ela. Com isso, sua vida vai adquirir um significado e propósito totalmente novos, e a Deusa lhe mostrará o caminho.

Essa jornada não é fácil. Sinceramente, uma jornada espiritual nunca é. Ela vai desafiar, pressionar e ajudar você a evoluir e a crescer. Trará à tona todas as lições que a sua alma escolher aprender. Mas prometo que vale muito, muito a pena.

Assim que tiver resgatado a Deusa interior e se lembrado de quem você realmente era antes de o mundo ter lhe dito quem deveria ser, sua vida nunca mais será a mesma.

Bem-vinda ao Caminho da Deusa. Se estiver pronta, vamos começar...

Observação: Este livro não é apenas para mulheres. Independentemente da sua identidade de gênero, todos temos a energia feminina da Deusa dentro de nós, bem como a energia masculina. Qualquer um pode seguir pelo Caminho da Deusa e usar a jornada para resgatar sua Deusa sagrada interior. Usarei a palavra "mulher" neste livro, pois é a experiência que vivi e a verdade a partir da qual posso falar. Se esse termo não ressoar em você, por favor, substitua-o pelo de sua preferência.

PARTE 1

A DESCIDA

A primeira parte da nossa jornada ajudará você a olhar para dentro a fim de fazer o trabalho interno necessário para resgatar quem você realmente é. Mergulharemos no submundo, desvendando, libertando e nos livrando de tudo aquilo que a impede de ser o que você veio aqui para ser.

Antes de fazermos isso, vamos invocar a Deusa e pedir sua proteção, orientação e força ao darmos início a esta jornada. Você pode usar suas próprias palavras ou as que propus aqui abaixo.
Feche os olhos, coloque as mãos no coração e peça à Deusa para estar com você.

"Deusa, por favor, envolva-me com sua proteção, seu amor e sua orientação nesta jornada. Ajude-me a ser destemida e corajosa enquanto percebo e me livro de tudo que me afasta da minha verdadeira Deusa interior."

Vamos começar com a descida pelos seis primeiros capítulos do Caminho da Deusa.

"Quando você invoca
e se conecta com
o poder de Shakti,
percebendo que carrega
o sagrado feminino, a
energia vital e criativa
de todo o universo,
começa a enxergar a
si mesma e a vida de
maneira diferente."

Capítulo 1

RESGATE A DEUSA E O SAGRADO FEMININO

A energia da Deusa é a essência da energia do sagrado feminino. Às vezes conhecida como Shakti, ela é a energia vital e criativa que dança pelo universo e dá vida a tudo. A Terra, o céu, os planetas, as estrelas, todos os seres vivos e você são feitos dessa energia cósmica primordial. Quando se conecta com a Deusa, com a energia de Shakti em seu interior, você ganha acesso a uma fonte maior de poder e a níveis mais elevados de consciência, começando a se sentir parte de algo maior.

A notícia maravilhosa é que você já é uma Deusa! Essa energia já flui em você, e é possível acessá-la a qualquer momento. Não é preciso conquistar, consertar nem se tornar digna dela. Essa energia está dentro de cada uma de nós. Mas, em algum momento ao longo do caminho, todas nós nos esquecemos disso.

Como resultado de séculos de domínio patriarcal, vivemos em um mundo dominado pela energia masculina e seus atributos. Tendemos a celebrar o fazer e o alcançar do sucesso material e do lucro, enquanto as qualidades femininas da intuição, da sabedoria interior, do descansar, do receber e do fluir são rejeitadas e julgadas como inúteis ou menos dignas. Este livro é um chamado para despertar os poderes femininos há muito esquecidos, ignorados, suprimidos e negados que habitam dentro de cada uma de nós. Eu, sinceramente, acredito que isso aconteceu por causa do imenso poder do sagrado feminino que foi suprimido. Não há nada mais poderoso no mundo do que uma mulher que se conhece, que confia e acredita em si e que está em harmonia com o seu ritmo feminino.

Ao invocar e se conectar com o poder de Shakti e perceber que contém o sagrado feminino e a energia vital e criativa de todo o universo, você começa a enxergar a si mesma e a vida de maneira diferente. Você recupera o poder interior, a intuição, a magia, a sabedoria, o valor, a visão, o propósito e o potencial completo de manifestação. Começa a perceber quem você realmente é, o quanto você vale, e para de aceitar menos do que merece. Você se conecta com o seu poder sagrado, sua intuição e conhecimento interior, e percebe que há, dentro de si, a resposta para todas as perguntas e a solução para todos os problemas. Mantém-se firme em sua identidade autêntica, priorizando tanto você quanto o seu bem-estar, e acredita em si mesma. Liberta a mulher selvagem interior e passa a se importar menos com o que a sociedade diz, enquanto se permite ser mais indomável, abrindo o próprio caminho no mundo e confiando no lugar ao qual a energia da Deusa quer levar você. Recupera sua sensualidade, paixão e energia criativa, e aprende a compreender e a aceitar emoções e sentimentos. Começa a viver em fluxo com a vida, honrando as estações e os ciclos. Vê magia e crescimento em tudo, transforma sua vida toda em um ritual e uma oferenda à Deusa interior, conectando-se a uma fonte de consciência superior.

A sua alma veio aqui para ter experiências, aprender, crescer e oferecer ao mundo o que só você tem a oferecer — e será a energia da Deusa que a ajudará a dar vida às sementes dos sonhos, desejos e propósitos contidos em você.

Essa é a força condutora do universo que a leva ao longo da sua jornada de alma para vivenciar tudo o que sua alma veio aqui vivenciar, para despertar tudo o que você veio aqui para ser. Você é uma Deusa.

Uma das melhores maneiras de invocar a energia do sagrado feminino é trabalhando com a Deusa e com os arquétipos do sagrado feminino, que nos ajudam a despertar sua energia dentro de nós.

Conhecendo a Deusa

Uma Deusa é uma figura que representa a Shakti ou o sagrado feminino em suas diversas facetas. Cada Deusa retrata uma expressão única da energia feminina que podemos convidar para nos ajudar a também despertar e incorporar tal expressão em nós.

Algumas Deusas são destemidas, corajosas e poderosas, enquanto outras são delicadas, gentis e cuidadosas, ou ainda passionais, sensuais e indomáveis. Cada uma tem dádivas, qualidades, atributos e energias que podemos invocar para compartilharem conosco.

Ao trabalharmos com essas Deusas, a Shakti delas desperta e conversa com nossas partes que talvez tenham estado dormentes, escondidas, suprimidas ou desconectadas.

Cada Deusa também vem com a própria história ou mito que nos ajuda a nos conectarmos mais profundamente a ela, além de podermos encontrar a história da nossa própria vida contada por meio da história delas. É possível, então, invocar a energia da Deusa para nos ajudar a aprender com experiências e para nos emprestar seu conhecimento, sabedoria e força.

Todos temos uma Kali ou Hécate, Ártemis ou Ísis interior. Podemos conscientemente invocar e expressar essas Deusas para apoio, dependendo do que queremos aprofundar em nossa vida e em nós mesmas.

Neste livro, vamos conhecer diferentes Deusas em cada capítulo, cuja energia e apoio você poderá invocar para se aprofundar nos temas do capítulo. São Deusas que me acompanham e com quem trabalho há muitos anos, muitas das mesmas maneiras que compartilharei com você aqui. Assim, posso falar em primeira mão e com base em experiências profundas com as energias e as sabedorias que essas Deusas compartilharam comigo.

No entanto, quero que você faça dessa a sua jornada e que vivencie as Deusas do seu próprio jeito único. Há centenas e centenas de Deusas por aí, de muitas culturas e religiões diferentes, que você pode descobrir e com quem pode trabalhar, e talvez elas ressoem mais com você e sua jornada de vida. Tire um tempo para esclarecer com o que você quer que a Deusa a ajude, então explore as Deusas que mais expressem e esbanjem aquilo que está procurando.

Conforme a jornada for avançando ao longo do livro e conforme você for conhecendo e trabalhando com essas Deusas, você vai explorar partes de si mesma talvez ainda desconhecidas e vai trazê-las à luz para serem compreendidas em um nível muito mais profundo.

Quando passamos a nos reconhecer nessas Deusas, começamos a resgatar e a incorporar a expressão completa das energias do sagrado feminino. Elas lhe emprestarão a energia, a força, a sabedoria, os dons e a voz delas, até que você encontre os seus próprios. Elas a ajudarão a resgatar a sua Deusa interior.

Conforme trilhar o Caminho da Deusa, algumas continuarão caminhando com você para sempre, outras aparecerão para você no tempo e do jeito certos, bem quando mais precisar delas. Aproveite essa jornada de descoberta, mas tente trabalhar com cada uma delas por certo tempo, não por curtos períodos nem com muitas ao mesmo tempo — como em qualquer relacionamento, a conexão se aprofundará quanto mais tempo e energia você investir nela.

Para ajudar com isso, tentei incluir as mesmas Deusas em lugares variados ao longo do livro, para que você possa conhecê-las em um nível bem mais íntimo. Por ora, deixe-me apresentar a você alguns dos principais arquétipos sagrados femininos e algumas maneiras de resgatar cada um.

Os arquétipos do sagrado feminino

Assim como as Deusas, os arquétipos do sagrado feminino são modos universais de expressão que ajudam você a se conectar com os seus poderes e a incorporar a maior expressão possível da energia feminina. Eles são outra maneira de acessar ou de se conectar com as energias femininas da Deusa interior.

Cada um dos arquétipos traz consigo diferentes dons, atributos, poderes e sabedorias que você pode explorar, se conectar e despertar dentro de si, ajudando-a a florescer com seu potencial máximo e a acessar a completude do poder feminino.

É provável que, ao longo da vida, você tenha se acomodado com padrões de certos arquétipos, talvez espelhando as diferentes fases da sua vida. Por exemplo, pode ter passado muitos anos sendo mãe. Ou talvez esteja vivendo há um tempo em sua energia de rainha, construindo um império. Ou talvez estivesse aproveitando sua época despreocupada de donzela ou trabalhando com o arquétipo da curandeira em uma jornada de cura e autodescoberta.

Porém, nunca somos apenas um arquétipo. Como parte do Caminho da Deusa, você vai querer ser capaz de acessar, acolher, incorporar e vivenciar todos eles e, então, ser capaz de convidar aquele que for mais necessário para cada estação e situação de sua vida.

Se estiver estagnada em um arquétipo há tempo demais, poderá notar que um pequeno incômodo de insatisfação vai surgindo. Ou, talvez, ache que está conectada aos aspectos sombrios daquele arquétipo, sentindo-se cansada, exausta ou descobrindo que o que você faz há tanto tempo não lhe traz mais o prazer ou a satisfação de antes. Pode, ainda, ter amado sua experiência como mãe, mas, conforme seu filho foi ficando mais velho e começando a ter a própria vida, você sentiu o desejo de se conhecer além do papel materno e de voltar a fazer coisas pessoais. Ou pode ser que esteja na correria e tenha construído um negócio incrível, ou se esforçado e subido na hierarquia empresarial, e agora o trabalho não lhe traz mais tanta felicidade quanto antes e há um desejo por diversão e alegrias.

Este é um convite para passar mais tempo com os outros arquétipos e equilibrar tudo, permitindo que outras partes de si mesma assumam o controle por um tempinho. Isso abrirá um novo mundo de energias que poderão ser exploradas e expressadas, e em troca você ganhará uma nova perspectiva de vida. Eu lhe darei sugestões de com quais arquétipos femininos incorporar e trabalhar e as maneiras de fazer isso em cada um dos capítulos do livro.

Ritual do resgate

Ao ler a lista a seguir, note quais arquétipos parecem ser os mais dominantes em você, com quais se sente convidada a trabalhar ou quais deseja conhecer melhor. Incorpore-os por um dia: como o arquétipo pensa, sente, age e se manifesta ao longo do dia? Conheça e desperte a energia deles dentro de si.

A donzela

A donzela é um espírito livre, jovem e brincalhão. Às vezes conhecida como a virgem, ela é inocente, confiável, sempre de coração aberto, e vê o bem em tudo e todos. Move-se pelo mundo com curiosidade, vivendo no presente e aproveitando a jornada. Invoque a donzela quando a sua vida tiver ficado séria demais e você precisar sentir um pouco de alegria, tranquilidade e diversão. Resgate a sua donzela interior ao:

- Tirar um dia (ou até mesmo uma hora) de descanso das responsabilidades e listas de tarefas, aproveitando para fazer algo puramente por diversão.
- Trazer mais lazer para sua vida. Quando foi a última vez que correu sem qualquer preocupação para dentro do mar ou por uma floresta, ou ainda que riu até chorar? Como você pode se divertir mais?
- Passar um dia vendo o bem em tudo e todos, deixando quaisquer julgamentos de lado e confiando que todos estão dando o seu melhor. Elogie algo bom que você enxergar em todo mundo que encontrar.

A mãe

A mãe oferece amor incondicional. Tendo filhos próprios ou não, ela tem um desejo profundo de nutrir, cuidar e proteger todos ao seu redor, trazendo à tona o melhor das pessoas. Ela é uma sensação de lar e de pertencimento, o lugar a que vamos para sermos alimentados. Invoque o arquétipo da mãe quando precisar ser abraçada, cuidada, ou quando precisar dar atenção suficiente a si mesma para então conseguir oferecer algo aos demais. Resgate a sua mãe interior ao...

- Ser maternal consigo própria. Transforme em hábito perguntar-se regularmente do que precisa — talvez seja uma noite em silêncio para recarregar as energias, alguns minutos pela manhã para escrever sobre o que sente ou uma tarde lenta para preparar uma refeição nutritiva para você mesma.

- Cuidar dos outros, seja cozinhando, abraçando, assumindo o papel de uma ouvinte atenciosa ou sendo um ombro amigo, por exemplo.
- Conectar-se com a Mãe Terra e passar bastante tempo na natureza. Permita-se ser abraçada pela grande mãe.

A guerreira

Também conhecida como a caçadora, a guerreira é uma mulher forte, destemida e independente que está em missão. Com uma presença autoconfiante, não depende de ninguém além de si mesma, vive a vida nos próprios termos e luta pelo que acredita (e por qualquer um que não possa lutar por si mesmo). Invoque a guerreira quando precisar abrir um novo caminho para si, fazer alguma coisa acontecer, ou quando precisar de coragem para se defender. Resgate a sua guerreira interior ao...

- Desafiar o *status quo*. Não tenha medo de fazer perguntas, questionar autoridades ou participar de um debate saudável... É a única maneira de provocarmos alguma mudança real.
- Passar um tempo sozinha com frequência e, nesse período, satisfazer apenas a si mesma. Faça coisas apenas porque você quer.
- Definir objetivos e desafios recorrentes, e ir atrás deles de todo o coração, acreditando em você.

A amante

Conectada com a própria sensualidade, sexualidade, paixão e prazer, a amante irradia uma energia magnética e confiante que faz sua presença ser notada. Ama profundamente — a si mesma, a vida e os outros — e deseja relacionamentos íntimos e significativos. Tem uma vida de êxtase e excitação. Invoque a amante quando quiser se abrir para vivenciar por completo o prazer, a paixão e a vitalidade, e para estar presente e amar seu corpo. Resgate a sua amante interior ao...

- Aproveitar um dia de pura indulgência. Vista roupas bonitas, coma todas as suas comidas preferidas, deleite-se com um banho ou uma massagem no meio do dia, beba champanhe no café da manhã — seja lá o que fizer, mime a si mesma.
- Praticar o autoprazer. Explore o seu corpo e sensações, descubra do que gosta e use esse tempo como um momento sagrado, dedicado apenas ao prazer (sem necessidade de obter um resultado).
- Escrever uma carta de amor para si contando tudo o que mais ama em você mesma. Releia com frequência a carta em voz alta, principalmente em momentos de dúvida ou quando a autoestima estiver baixa.

A curandeira

A curandeira pega a dor, sofrimento e luto que sentimos e nos mostra como transmutar tudo em significado e propósito. É a parteira que nos acompanha quando damos à luz ou enfrentamos alguma transformação significativa. Ela nos ensina a continuar firmes durante a cura e, apesar de não poder levar tudo embora consigo, permanece ao seu lado ao longo de todo o processo. Invoque a curandeira quando tiver que lidar com um coração partido, uma mágoa ou uma grande mudança na vida, ou ainda quando precisar curar qualquer coisa do passado ou do presente. Resgate a sua curandeira interior ao...

- Cuidar do corpo, mente, coração e alma. Faça algo diariamente por cada um deles, para curar, abraçar e cuidar de si mesma e do seu bem-estar.

- Investir na sua própria cura. Pode ser fazendo terapia, praticando o perdão ou se desculpando por ter machucado os outros.
- Compreender que não é possível curar nem consertar ninguém; você pode, sim, apoiar, encorajar e abraçar, mas não pode curar nada por eles.

A criadora

Uma mulher profundamente conectada com a fonte feminina de energia criativa, a criadora é o receptáculo que traz as coisas, sejam filhos, esperanças, sonhos ou ideias, à vida. Ela tece palavras, poemas, energia, vida, e com sua autoexpressão autêntica canaliza tudo aquilo que quer se fazer presente. Invoque a criadora quando quiser dar vida a algo, encontrar a própria criatividade ou se expressar. Resgate a sua criadora interior ao...

- Criar uma história de vida para si mesma. Se o seu mundo estiver lotado de "não posso", de medos ou de maneiras com as quais você se impede de avançar, escreva uma nova história que a empodere.
- Dar a si mesma tempo e espaço para apenas criar. Pinte, desenhe, dance sem querer almejar qualquer resultado — permita que a criatividade flua por você.
- Compreender que você pode criar a própria realidade e dar vida a qualquer coisa que quiser. Comece a acreditar nos seus poderes femininos de criação.

A rainha

Uma líder natural, a rainha se mantém enraizada em seu poder, sabendo quem é e o que quer. Totalmente dedicada a si e à sua visão de vida, escolhe onde investir sua preciosa energia, assume as rédeas do destino e tem uma vida cheia de propósito e de satisfação. Invoque a rainha quando quiser se tornar a líder da sua vida e reivindicar seu poder para ter a vida que realmente deseja. Resgate a sua rainha interior ao...

- Não se contentar com pouco. Uma rainha conhece seu valor e está disposta a esperar até conseguir.
- Investir em si mesma. Fazendo cursos, workshops, encontrando um mentor ou simplesmente apostando alto em si mesma, coloque em prática tudo o que puder para alcançar a sua visão futura de sucesso.
- Tornar-se sua própria autoridade. Apesar de querer ter uma equipe leal ao seu redor, pare de terceirizar as decisões da sua vida e de entregar o poder e o controle dela aos outros.

A sábia

Profundamente conectada com a própria sabedoria interior, a sábia confia e segue seu coração e alma. Ela conquistou o autodomínio e vive a vida seguindo a magia de seus conhecimentos interiores. Mais sábia do que sua idade, é uma alma madura que carrega a sabedoria das ancestrais e das anciãs. Invoque a sábia quando precisar obter respostas, direcionamentos na vida, e confiar na própria intuição, sabedoria e conhecimento interior. Resgate a sua sábia interior ao...

- Cultivar intuição e sabedoria corporal. Quando tiver qualquer grande decisão a ser feita, deixe a cabeça de lado e sinta as respostas em seu corpo.
- Compartilhar e ensinar o que sabe. Lembre-se que, por conta da sua experiência de vida, você tem sabedoria da qual os outros precisam.

- Reservar um tempo para reclusão e silêncio. A sábia reconhece que todas as respostas que buscamos são encontradas no silêncio.

A selvagem

Indomável, incompreensível e incontrolável, a selvagem é feroz em todos os sentidos da palavra. Sem receio de suas profundidades e sombras, livre de amarras da sociedade e dona de um autêntico poder feminino, ela se conhece, se assume e se aceita por completo. É uma força da natureza que convida você a ser selvagem e livre. Invoque a selvagem quando estiver censurando a si mesma e a quem você realmente é, e quando quiser se libertar para ser você por inteira. Resgate a sua selvagem interior ao...

- Abraçar-se e se aceitar por completo: desde as suas fortes emoções até as suas sombras, corpo, opiniões, trejeitos, singularidades e tudo o mais. Ame a si mesma de maneira destemida.
- Libertar-se o máximo que puder. Coloque a sua música preferida e dance, movimente-se, engatinhe, uive, pise com força, faça barulho e solte a selvagem interior.
- Notar quando se censura para ser mais simpática, palatável ou agradável, ou quando se reprime para se encaixar ou, ainda, quando doma certas partes de si mesma. Em vez disso, comece a compartilhar mais suas verdades autênticas.

A sacerdotisa

Uma ponte entre os mundos físico e espiritual, o caminho da sacerdotisa é o de trabalhar a alma, servir ao sagrado e seguir seu propósito. O mundo dela é um mundo de rituais, cerimônias, milagres, magia e conexão com a espiritualidade, a fonte e o divino. Sua vida é uma devoção a um chamado divino. Invoque a sacerdotisa quando quiser descobrir e seguir o seu propósito, comprometer-se a servir e a se conectar com seu eu superior e o divino. Resgate a sacerdotisa interior ao...

- Passar um tempo diariamente em devoção profunda, meditando, escrevendo, rezando, estando em comunhão com a natureza ou pedindo ajuda e orientação.
- Convidar o divino para a sua vida. Peça e note sinais, procure por milagres, confie que está recebendo apoio e orientação, e enxergue a divindade em tudo.
- Servir mais. Mesmo se ainda não tiver a vida que quer, pense em como pode passar a servir mais em seu dia a dia e usar os seus dons para amparar os outros.

A visionária

A visionária não apenas vê o futuro, ela o cria. Tem uma visão clara do que é possível, do seu potencial completo e do que deseja que seja expresso no mundo por meio dela. Tece o próprio destino com palavras, pensamentos, ações e crenças próprias, e é um catalisador para mudança e transformação. Invoque a visionária quando quiser ter uma visão mais ampla da sua vida e de todo o potencial que está disponível para você, bem como quando precisar tomar alguma atitude sobre o futuro. Resgate a sua visionária interior ao...

- Conectar-se regularmente com o seu eu futuro. Quem é ela, o que ela está fazendo, como ela age e se move pelo mundo, e como você pode começar a expressar mais dela no presente?

- Visualizar diariamente o que você quer para o futuro e como quer que a sua vida seja. Imagine tudo com o máximo de detalhes possível, então passe alguns momentos, ao final, recebendo discernimentos e orientações quanto a como alcançar o que deseja.
- Lembrar-se de que a vida acontece *para* você, não *com* você. Tudo o que acontece ensina algo e a leva a algum lugar.

A curandeira

A xamã, a oráculo, a bruxa, a eremita, a detentora da sabedoria, a alquimista. Ela está conectada à fonte verdadeira de toda cura, à magia anciã, à terra, à natureza, às nossas ancestrais e à energia cósmica. A curandeira trabalha em todos os reinos para trazer equilíbrio e cura, carregando e oferecendo o remédio de que todas precisamos: o remédio da alma. Invoque a curandeira quando souber que tem dons e talentos de cura, mas não tiver certeza de quais sejam ou estiver com medo de usá-los. Resgate a sua curandeira interior ao...

- Compartilhar seu remédio com o mundo, por meio das suas palavras, arte, habilidades de cura, orientação, ativismo ou sabedoria intuitiva. O mundo precisa conhecer o seu remédio.
- Honrar e se conectar com as energias curativas da terra, da natureza, da lua e dos planetas, e adorar a Deusa presente nessas coisas.
- Reconectar-se com linhagens ancestrais e todas as mulheres que vieram antes de você. Observar qualquer cura que talvez seja necessária, assim como conhecimento e lições que possam ser obtidos com suas ancestrais.

Invocando o sagrado feminino

Ao longo deste livro, você vai perceber que escrevo com frequência sobre invocar a Deusa e/ou os arquétipos do sagrado feminino, por isso quero deixar claro aqui o que isso significa e como você pode fazê-lo.

A palavra "invocar" significa convidar uma divindade ou poder superior para apoio, ajuda, inspiração, bênção ou assistência. Ao invocar as Deusas ou os arquétipos femininos, você acessa os poderes superiores do sagrado feminino e permite que venham ampará-la em sua vida.

O feminino ama devoção, rituais e reverência, e, quanto mais você invocar a Deusa, o sagrado feminino, mais ela integrará magia em sua vida, ajudando-a a despertar essa energia divina.

Daremos uma olhada em rituais diários no Capítulo 5, mas, para começar, sinta a Deusa, fale com ela, peça-lhe ajuda e direcionamento, e note como ela se faz presente no seu corpo e na sua vida. Aqui vão algumas formas de começar a invocar a Deusa ao embarcar na sua jornada pelo Caminho da Deusa.

Crie um altar para a Deusa

Quem já leu qualquer um dos meus outros livros sabe que eu amo altares! Um altar é um local sagrado dedicado a suas práticas espirituais. Basta um espaço pequeno, de preferência em um lugar calmo e silencioso, e é ali que você passará a se conectar com a Deusa todos os dias.

Embeleze seu altar para que represente o sagrado feminino. É possível enfeitá-lo com belos tecidos, flores, cristais e velas, além de estátuas ou imagens da Deusa ou do arquétipo com que você for trabalhar para conseguir se conectar com energias específicas.

Visite o seu altar todos os dias para meditar, orar, escrever ou apenas se sentar em silêncio e sentir as energias da Deusa.

△ *Ore para a Deusa* △

Sei que a palavra "oração" pode às vezes se perder em meio ao significado mais moderno, mas eu oro para a Deusa todos os dias.

Para mim, orar é conversar com a Deusa, invocar o poder superior do feminino e pedir ajuda e apoio em quaisquer áreas que for preciso. Com frequência, enfrentamos dificuldades, sendo que, na verdade, precisamos apenas entregar tudo nas mãos de algo soberano e permitir que as respostas, a clareza e as orientações cheguem.

Cultive o hábito de orar todos os dias — seja escrevendo em um diário, seja falando em voz alta — para a Deusa, agradecendo a ela por ter se feito presente em sua vida e pedindo que entrelace a energia dela na sua, despertando a Deusa e o sagrado feminino intrínsecos em você. Peça que ela trabalhe por meio de você, para ajudá-la a enxergar, a ouvir e a saber o que precisar enxergar, ouvir e saber.

Se precisar de mais força, coragem, sabedoria, visão, sensualidade, ritmo, suavidade ou confiança, peça que ela desperte esses atributos em você, possibilitando que se conecte de maneira mais profunda com toda a energia feminina.

△ *Utilize as afirmações da Deusa* △

Afirmações são frases positivas que podem ser repetidas para superar a autossabotagem, as crenças limitantes e os pensamentos e comportamentos nocivos. Ao longo do tempo, encorajam a autoconfiança e a crença em si mesma, além de ajudarem-na a começar a expressar quem e o que você quer se tornar.

Quando usadas, as afirmações da Deusa nos auxiliam a despertar e a ativar o poder feminino interior. Começam a lembrá-la de que você é uma Deusa, de que você é capaz de tudo o que se propuser a fazer de corpo, mente e alma.

As palavras são como feitiços — carregam consigo um poder imenso, então passe a usá-las com sabedoria. Imagine que você está literalmente lançando um feitiço com as palavras que diz. Então, o que você está criando com as suas palavras? Seja mais intencional com o que fala e use as palavras para resgatar a sua Deusa interior.

Vou oferecer afirmações específicas ao final de cada capítulo, mas algumas com as quais você pode começar são:

- "Eu sou uma Deusa."
- "Eu honro a Deusa."
- "Eu permito que a energia do sagrado feminino flua por mim."
- "A minha Deusa interior me guia."
- "Eu confio na sabedoria ancestral e nas orientações da Deusa."

△ *Escreva para a Deusa* △

Talvez você queira reservar um diário bonito no começo da sua jornada pelo Caminho da Deusa, para que possa dedicá-lo a ela. Escreva nele para a Deusa, pedindo por sabedoria e orientação, expondo seu coração e sua alma.

Também é possível escrever uma pergunta para ela e, assim, fazer uma pausa, respirar fundo algumas vezes, sentir a energia da Deusa se aproximar e então escrever você mesma a resposta da Deusa. Anote também as maneiras pelas quais a Deusa está se fazendo presente na sua vida, como você está mudando e crescendo ao longo dessa jornada, e suas percepções, descobertas e epifanias pelo caminho.

Utilize a magia dos cristais da Deusa

Se quiser sentir a Deusa com você o tempo todo, defina intenções para um cristal que possa manter em seu altar, meditar junto a ele ou carregá-lo consigo como referência para se lembrar de que ela está sempre ao seu lado. Aqui estão alguns dos melhores cristais para utilizar a energia da Deusa:

- **Pedra da lua:** contendo a energia feminina da lua, este cristal ajudará você a canalizar essa energia lunar para se conectar com as suas emoções, sua intuição e sua Deusa interior. Também ajudará você a se conectar com seus ritmos e ciclos naturais e a confiar em você e na sua sabedoria interior.
- **Quartzo rosa:** cristal do amor incondicional, o quartzo rosa é a expressão da energia feminina que a auxilia a conhecer, amar e cuidar de si mesma como a Deusa que você é. Ele a ajudará a reconhecer seu valor e importância, a curar e a abrir seu coração.
- **Selenita:** nomeada em homenagem a Selene, Deusa da lua, a selenita contribuirá para você limpar e purificar sua energia, conectando-se com a Deusa interior com mais facilidade. Ela também ligará você ao propósito de sua alma, que a Deusa quer dar vida por meio de você.
- **Labradorita:** um cristal de magia, intuição e proteção, a labradorita vai lembrá-la do seu poder interior e vai despertar você para sua sabedoria interior. Ela a ajudará a encontrar coragem e criatividade, e a se conectar com o chacra do terceiro olho (falaremos disso no Capítulo 6) para enxergar a verdade.
- **Crisocola:** geralmente chamada de cristal da Deusa ou da sábia, a crisocola nos ensina a resgatar nossas energias, sabedoria e dons do sagrado feminino e da Deusa, e a compartilhá-los com o mundo ao nosso redor.

Espero que, ao longo deste capítulo, você tenha começado a conhecer a Deusa com mais profundidade e a ver como ela aparece e cria um caminho pela sua vida. Agora, descobriremos como você pode chamá-la quando precisar de ajuda para resgatar a sua autoestima — um dos alicerces mais importantes para resgatar a Deusa interior.

"Uma das forças mais poderosas no mundo é uma mulher que sabe o seu valor."

Capítulo 2

RESGATE A SUA AUTOESTIMA

A próxima parada no Caminho da Deusa é perceber seu valor, um dos alicerces principais para acolher a Deusa interior.

A autoestima é a sensação e a crença interior de que você é suficiente. Ter uma autoestima elevada indica que você se valoriza e sabe que é digna e merecedora de ser tratada bem, de ter tudo o que deseja na vida. E tudo em sua vida, assim como os seus pensamentos, sentimentos, comportamentos, ações e escolhas, depende do quanto você se sente digna e merecedora. Se não se considera digna de ser tratada bem, é mais provável que permaneça em empregos, relacionamentos e situações nada saudáveis, pois acredita que não há nada melhor no mundo para você. Aceitará menos da vida, se reprimirá, minimizará suas habilidades e o que você tem a oferecer ao mundo, suprimirá aquilo que realmente quer e sempre se contentará com menos do que merece, o que apenas acaba agravando as próprias crenças de que você não é digna de algo melhor.

Se duvidar de si mesma e das suas habilidades, terá dificuldade para acreditar em você, o que a impedirá de correr atrás daquilo que realmente quer na vida. Você nunca será capaz de criar a vida que quer nem ter o que realmente deseja, se não acreditar que é digna de tudo isso. Por exemplo, é improvável que se candidate ao emprego dos seus sonhos, caso não acredite, lá no fundo, que tem o que é preciso para preencher a vaga. Pode desejar um relacionamento profundo e significativo, mas, a não ser que acredite ser digna desse amor, nunca será capaz de recebê-lo e, em vez disso, sabotará as próprias oportunidades de amor verdadeiro. A sua habilidade de criar, manifestar e ir atrás do que quer na vida depende do quanto você se percebe merecedora. Isso mantém você presa em uma espiral sem fim de querer mais para si mesma, talvez até sabendo bem lá no fundo que merece coisa melhor, mas sem conseguir se libertar e correr atrás.

Quando você não se sente segura e protegida em si mesma, tendo uma noção firme de seus valores, importância e Deusa interior, é mais provável que se abandone. É por isso que, muitas vezes, procuramos o senso de autoestima no mundo exterior — hoje em dia isso basicamente significa ficar esperando os likes chegarem nas redes sociais. Buscamos a aprovação e a validação dos outros. Baseamos o nosso valor em conquistas, empregos, relacionamentos e aparência, acreditando que, de alguma forma, precisamos merecer o nosso lugar no mundo. Entregamos todo o poder a fontes externas e permitimos que elas determinem o nosso valor.

Além disso, tendemos a permitir que grande parte da nossa identidade se entrelace com o mundo exterior. Quando começamos a conhecer alguém, as primeiras coisas que geralmente dizemos sobre quem somos é onde vivemos, com o que trabalhamos, qual parceiro temos, qual carro dirigimos, quem conhecemos, as coisas que temos, o que conquistamos — de fato, informações valiosas, mas nenhuma delas se refere a quem você realmente é.

A nossa noção de autoestima é ainda mais desgastada pelo mundo da publicidade, que constantemente nos diz que precisamos de algo fora de nós para nos sentirmos dignas — você finalmente será feliz quando tiver este corpo, este rímel, fizer esta viagem, comprar esta roupa, este creme facial... e a lista continua. E nunca termina. Vivemos em uma cultura consumista que lucra em cima de sempre nos fazer sentir que nunca somos o bastante. As mulheres em particular são colocadas umas contra as outras há décadas, deixando nossos corpos, comportamentos e padrões de beleza disponíveis para opiniões, julgamentos e debates. Desde muito nova, você ouve, de forma subliminar, que tem algo de errado com você e com o seu jeito, mas está na hora de quebrar esse feitiço.

A verdade é que a sua importância e valor não precisam ser merecidos neste mundo; simplesmente precisam ser relembrados e resgatados. Está na hora de se lembrar de quem você realmente era antes de o mundo ter lhe dito quem deveria ser.

Você é mais do que o bastante exatamente como é. E, quando se lembrar disso, vai se tornar invencível. Começará a se conhecer, a se entender, a se aceitar, a se valorizar e a se amar. Começará a se expressar por completo, terá uma presença mais autêntica e permitirá que a Deusa que você é, por fim, brilhe e seja vista por inteiro. Passará a confiar e a acreditar em si mesma, e isso permitirá que você comece a correr atrás de tudo o que realmente merece nesta vida.

Uma das forças mais poderosas no mundo é uma mulher que sabe o seu valor. Você pode decidir o seu valor, e isso inicia aqui.

Dê a si mesma aquilo que está procurando

Quando a sua noção de autoestima depende de qualquer coisa fora de si, ela pode ser tirada, por isso o resgate é tão importante. Imagine que tudo do mundo exterior é tomado de você em um estalar de dedos (suas posses materiais, *status*, trabalho/carreira, relacionamentos, amizades, conquistas, realizações e assim por diante). Como você se sentiria? A sua noção de autoestima e de identidade desapareceria junto com todas essas coisas externas? Quem você seria sem elas?

A primeira coisa que precisa notar é que você não é sua idade, seus seguidores nas redes sociais, sua lista de afazeres, seu tamanho de roupa, seu trabalho, suas conquistas, sua conta bancária ou seu estado civil, e nenhuma dessas coisas define o seu valor — a não ser que você permita. Talvez valha a pena tirar um tempinho agora e refletir a respeito de onde, no mundo exterior, você busca por aprovação e validação, e do que você depende para se sentir digna.

Pergunte-se: de qual lugar você mais busca aprovação na vida? Você busca validação no número de likes que recebe nas redes sociais, ou nas conquistas, ou na atenção que recebe dos outros? Você se preocupa demais quanto ao que as pessoas pensam a seu respeito e permite que isso a impeça de fazer certas coisas? Você não é ninguém se não está em um relacionamento, ou só se sente como se fosse alguém por causa do trabalho que exerce, ou dos círculos de amizade pelos quais transita?

Faça uma pausa agora, neste momento, para refletir de verdade sobre essas questões e notar o que vem à tona para você. Talvez possa tirar um tempinho ainda maior e escrever a respeito disso em seu diário, antes de prosseguir. As respostas para essas perguntas lhe darão discernimentos poderosíssimos a respeito de como você terceiriza seu valor e merecimento, e como precisa resgatá-los. Isso tem início a partir do momento em que passa a conhecer e compreender a si mesma, a dar a si aquilo que busca nos outros ou em qualquer coisa fora de você.

Vá fundo e tente identificar o que você procura nessas coisas. Se for aprovação, comece a se aprovar; se busca ser escolhida, comece a escolher a si própria; se quer permissão para ser quem é e para começar a fazer o que deseja fazer, dê a si mesma essa permissão; se quer ser elogiada, comece a se elogiar.

Também é possível ensinar aos outros como tratarem você. Então, se quiser que as pessoas a entendam, você primeiro tem que se entender. Se quiser que as pessoas a amem, você primeiro tem que se amar. Se quiser que as pessoas a respeitem e a tratem bem, você primeiro tem que se respeitar e se tratar bem.

Tudo começa com você, e, quanto mais se der aquilo que está buscando, menos precisará buscar isso em qualquer outra coisa ou pessoa fora de você, e mais vai perceber que é digna e merecedora por simplesmente ser como é.

Ao final do livro, quero que seja capaz de me dizer quem você é. Quero que seja capaz de me contar a respeito da sua grandiosidade, do seu valor e do seu propósito. Quero que seja capaz de me contar seus valores, esperanças, sonhos e desejos, seu lado selvagem, seu lado sombrio, no que é boa, o que a faz feliz, o que tem para oferecer ao mundo e tudo o que compõe a sua essência.

Ritual de resgate

Uma vez por mês, ou até uma vez a cada quinze dias, leve-se a um encontro. Se a ideia de ir sozinha a algum lugar a apavora, eu a encorajo ainda mais a fazê-lo. Se não consegue passar algumas horas ou até mesmo um dia consigo, como espera que mais alguém queira fazer isso?

Passar um tempo consigo mesma significa ter a chance de se conhecer, de descobrir do que gosta e de saber como é verdadeiramente maravilhoso ter você por perto. Significa aprender a ser autossuficiente quanto ao que precisa e passar um tempo se conhecendo de verdade.

Pessoalmente, acredito que toda Deusa deveria viajar sozinha pelo menos uma vez na vida — você aprenderá tudo o que precisa saber a seu respeito. Para mim, viajar sozinha para a Índia foi uma das coisas mais transformadoras que já fiz. Precisei contar comigo, confiar em mim mesma e tomar decisões por mim mesma. Em momentos de solidão, medo ou incerteza, eu costumava apoiar a bochecha no meu ombro, envolver os braços ao redor do corpo e dizer: "Não se preocupe, Kirst, estou aqui, pode contar comigo, eu vou cuidar de você." Aprendi tanto a meu respeito naqueles meses, desenvolvi uma confiança e um amor tão profundos por mim, que todos os momentos difíceis valeram a pena. Aprendi que nunca se pode estar verdadeiramente solitária quando gostamos da pessoa com quem estamos sozinhas. Viajar talvez seja um passo exagerado, mas comece com uma hora, então metade de um dia, talvez até uma noite, e vá aumentando o tempo ao longo da jornada. Eu prometo que, assim que perceber como você é uma companhia ótima e o quanto é fabuloso passar um tempo ao seu lado, você nunca mais terá tanta dúvida quanto ao seu valor.

Vire amiga da sua crítica interior

Comece a notar como você fala consigo mesma, pois esse é um bom indicador de níveis atuais de autoestima e de como você permite que os outros falem com você e a tratem.

Quando comete um erro, qual é a primeira coisa que diz a si mesma? O quanto é inútil e não consegue fazer nada certo? Ou você se ampara, compreendendo que cometeu um erro, que pode aprender com ele e, então, melhorar na próxima vez? Quanto mais baixo for o seu nível de autoestima, mais barulhenta é a sua crítica interior.

Ela é aquela voz interna e persistente que julga, critica, compara e questiona tudo, além de listar todas as maneiras pelas quais você não é boa o bastante. Moldada pelas suas experiências de vida, ela, de maneira própria, tenta protegê-la e ajudá-la a evitar o que enxerga como erros e fracassos. No entanto, posso arriscar um bom chute que, se ouvisse alguém falando com a própria melhor amiga do jeito como você, às vezes, fala consigo mesma, você se intrometeria e diria: "Ei, não fale assim com ela!"

Resgatar a sua narrativa interior é parte importante de resgatar a sua autoestima, então comece, com gentileza, a desafiar essa voz dentro de você, a transformar a sua voz interna em uma que a apoia e a encoraja. Uma forma poderosa de fazer isso é simplesmente perguntar: "Isso é verdade?" Quando a sua crítica interior estiver dizendo que você não consegue fazer nada direito ou que você não é boa o bastante, pergunte-se: "Isso é verdade?"

Há vezes em que podemos usar a voz da nossa crítica interior para nos ajudar a aprender e a crescer, percebendo onde podemos nos esforçar mais, mas é provável que muito do que ela esteja dizendo não chegue nem perto de ser verdade.

Lá no fundo, a sua Deusa interior sabe que você é uma pessoa boa e que está dando o seu melhor. Quanto mais você puder notar e reconhecer isso, mais poderá se encorajar e se amparar. Então, converse com a crítica e vire o jogo. Se ela sussurrar "Por que dariam a vaga a você?", pergunte a ela: "Por que *não* me dariam a vaga? Eu trabalho duro, sou inteligente e tenho muito a oferecer. Eles seriam sortudos por ter na equipe alguém como eu." Quando a crítica disser "Por que alguém a amaria ou sequer gostaria de você?", pergunte: "Por que alguém *não* amaria ou gostaria de mim? Sou linda, gentil, leal, uma companhia divertida, uma boa ouvinte e uma ótima amiga/amante/parceira/colega."

Comece a repetir para si todas as razões pelas quais é boa o bastante e pelas quais merece, sim, o melhor. Diga a você mesma, e com frequência, que está dando o seu melhor, elogie-se toda vez que fizer algo bem, converse consigo da maneira como gostaria que a sua melhor amiga ou uma pessoa querida conversasse com você e veja como a sua narrativa interna e os seus níveis de autoestima começam a mudar.

Ritual de resgate

Toda manhã, olhe-se no espelho, observe a si mesma e sorria. Preste atenção para ver se a crítica interior se agita, então, em vez de dar ouvidos a essa voz, elogie algo sobre si. Encontre algo em você para amar nesse momento e celebre a Deusa que você é. Carregue consigo essa energia de apoio e de amor pelo resto do dia.

Ao final de cada dia, volte ao espelho e diga tudo o que, durante o dia, você fez bem, assim como do que sente orgulho de si mesma por ter feito. Perceba se surge algum julgamento enquanto se celebra, ou se você é incapaz de aceitar os elogios.

Aprenda a se celebrar ao longo de todo o dia — sempre que fizer algo corajoso, ou tomar uma boa decisão, ou se comprometer consigo mesma, parabenize-se e elogie-se. Você é muitíssimo digna de celebração e de reconhecimento, e a sua Deusa começará a brilhar muito mais quando você a reconhecer em toda sua glória.

Escolha-se

Escolher-se é uma das coisas mais poderosas que podemos fazer para resgatar a sensação de autoestima.

Recentemente, uma amiga querida sofreu um *ghosting* e caiu em uma espiral de "o que tem de errado comigo, o que eu fiz de errado, por que não sou boa o bastante" — uma conversa que, tenho certeza, é familiar para muitas de nós. Ao testemunhar isso, fiquei muito abalada com o quanto do nosso valor e dignidade colocamos no fato de sermos ou não escolhidas por outras pessoas, acreditando que sermos a escolha de alguém nos torna, de alguma forma, aceitas e dignas. Ela é uma Deusa maravilhosa, esperta, inteligente e linda, mas ali estava, permitindo que o fato de não ter sido escolhida por alguém a fizesse duvidar do próprio valor e de toda a sua existência.

É em momentos assim que podemos nos escolher. Por mais que doa no instante, essas situações são como professoras muitíssimo poderosas, lançando luz onde não nos sentimos realmente dignas e onde ainda entregamos nosso poder a terceiros, buscando aprovação e validação em algo exterior a nós mesmas.

Quando você é rejeitada, seja em um relacionamento, seja no trabalho, a sua noção de autoestima e valor também é afetada? Com qual frequência você vai a um encontro e passa o tempo todo se preocupando se estão gostando de você, sem sequer parar para considerar se você, na verdade, está gostando da outra pessoa?

Escolher-se significa começar a estar presente para si, principalmente nos momentos mais difíceis e desafiadores da vida. Significa que você dá a si mesma o apoio, o amor, o cuidado, a atenção e a aprovação que busca nos outros. Significa saber que você tem valor, que é merecedora e que é o bastante, mesmo quando os outros não podem ou não querem escolhê-la.

Com frequência, quando ficamos obcecadas porque alguém não respondeu nossa mensagem, ou quando nos sentimos rejeitadas e abandonadas, nós nos perdemos ainda mais ao mergulhar em todas as razões pelas quais há algo de errado conosco ou com o fato de não sermos dignas de ser amadas, nem boas o suficiente para convencermos alguém a ficar conosco. Isso faz com que nos rejeitemos e abandonemos ainda mais, consequentemente nos fazendo sentir ainda menos dignas. E se, nesses momentos, você se escolher? E se você se olhar no fundo dos olhos, no espelho, e disser a si mesma "Eu escolho você. Não importa se a escolherem ou não, porque eu escolho você"? Tente isso na próxima vez que estiver em uma espiral de autoestima — essa é uma das coisas mais poderosas que poderá fazer por si mesma.

Pare e seja muito sincera quanto a como está se sentindo naquele momento. Talvez esteja se sentindo rejeitada, indigna de algum dia ser verdadeiramente amada ou sequer escolhida. Observe a história que está contando a si mesma sobre o que tal rejeição significa a seu respeito. Isso lhe dará um discernimento lindo quanto a partes não curadas, partes que ainda buscam validação, aprovação, amor e aceitação de algo ou alguém exterior a você.

Imagine se a amiga que mencionei antes tivesse uma autoestima bem enraizada e soubesse, sem sombra de dúvida, que era uma boa pessoa, que merecia o melhor. Isso não significa que a rejeição não teria doído ou a confundido no começo, mas ela não teria levado para o lado pessoal nem feito com que significasse algo a respeito do próprio valor. Teria compreendido que o rapaz provavelmente estava passando por algo na vida e que o sumiço dizia muito mais a respeito dele do que dela. Teria se recomposto logo nos primeiros momentos de chateação e reconhecido as partes se sentindo abandonadas, decepcionadas, não escolhidas — ou seja lá qual tenha sido a sua narrativa interna —, e as teria acolhido e escolhido, dando-se exatamente aquilo de que precisava no momento.

E mais: ao fazer isso e se valorizar, ela saberia que merece coisa melhor do que esse tipo de comportamento e saberia que aquele não era o tipo de pessoa nem de relacionamento que deseja ou que sequer tem tempo para investir. Teria escolhido a si mesma, em vez de tolerar um comportamento péssimo, para ser escolhida por outra pessoa.

Escolher a nós mesmas significa que não precisamos que mais ninguém nos escolha. Cada vez que se escolhe, você se empodera, resgata a sua autoestima, afirma o quanto é merecedora do melhor na vida e permite que a Deusa interior comece a aflorar.

Ritual de resgate

Muito do seu valor é baseado nas histórias que conta a si mesma sobre quem você é e o quanto vale. Sempre que notar que está em uma espiral de autocríticas, sentindo-se rejeitada ou abandonada, ou procurando por algo que é externo a você, escreva no diário a respeito da história que anda se contando.

Talvez seja uma história de "eu nunca sou escolhida", ou de "isso sempre acontece comigo", ou talvez de "eu não sou bonita, sensual nem jovem o bastante". Observe se você é a vítima da história, apenas esperando ser escolhida ou aguardando que algo ou alguém externo a você a conserte. Veja se consegue identificar quando a história surgiu, se foi algo da sua infância ou algo que o mundo exterior lhe disse. Perceba como tantas outras vezes na vida você se contou essa mesma história.

Agora, passe a se contar uma nova história. Uma na qual você é uma Deusa: linda, ousada, corajosa e magnífica. Uma na qual você é mais do que o suficiente e conhece seus verdadeiros poder e valor. Uma na qual você é digna e merece o melhor. Uma na qual você sabe que já tem tudo de que precisa dentro de si.

É possível começar a se contar uma nova história quando quiser.

INVOQUE A DEUSA

Ao começarmos essa jornada juntas, quero lhe apresentar uma das minhas Deusas preferidas, **Durga**.

Ela está no meu time há bem mais de uma década, e posso dizer, com sinceridade, que invocar e incorporar a sua energia tem sido algo transformador na minha vida. Quando eu ainda ministrava um retiro de ioga na França, há muitos anos, contei a história de Durga, e dedicamos as nossas práticas e oferendas a ela, convidando-a a entrar em nossas vidas. Nosso mantra se tornou "OQDF?" — o que Durga faria? —, e não só ao longo daquele retiro, mas por muitos anos depois, quando duvidávamos de nós mesmas e de nossa capacidade ou nosso valor, nós nos perguntávamos "OQDF?" e, logo, permitíamos que a essência da Deusa despertasse em nós e nos trouxesse força, coragem e poder.

Durga é uma Deusa hindu conhecida por prover a proteção e a força que a ajudam a acessar a fonte verdadeira do seu poder e conhecimento interiores. É uma Deusa guerreira: destemida, primitiva, selvagem, indomada, geralmente chamada para batalhar contra as forças do mal. É a energia kundalini, uma forma de energia do sagrado feminino que é a força primal por trás dos despertares espirituais e que fica enrolada como uma serpente na base da coluna. Ainda assim, tem uma energia maternal que abraça você com carinho e delicadeza enquanto a empurra na direção do seu potencial completo e de tudo de que ela sabe que você é capaz de fazer.

Se já acordou de madrugada com a consciência de que não pode continuar vivendo a vida que tem, então você já conhece Durga. Ela nos chama para casa; de volta a nós mesmas, nossa alma, poder e sonhos. Durga é a Deusa que deve ser invocada quando você souber que as coisas na sua vida precisam mudar, mas parece que você não encontra forças para isso. Ou quando estiver enfrentando desafios e se sentir temerosa, insegura e estagnada pelos medos, sem enxergar uma saída. Ou quando estiver em uma espiral de dúvidas e sem acreditar em si mesma.

O convite para Durga entrar na sua vida sempre vem acompanhado de um aviso gentil. Uma vez que a tiver convidado, é provável que ela logo vai virar a sua vida de cabeça para baixo enquanto a lança na direção daquilo que você precisa para seu bem maior. Ela removerá o que está no seu caminho, a levará a tomar atitudes e mostrará onde você se contentou com pouco, pedindo que encare os lugares e vezes em que se diminuiu e permitiu que dúvidas e medos a impedissem de avançar.

Trazendo consigo a força de uma guerreira, ela fará com que você se transforme, evolua, saia da sua zona de conforto, enfrente medos, encare obstáculos e problemas, conheça seu valor e abrace a completude de quem você é. Durga se tornará sua maior apoiadora, protetora e guardiã, emprestando-lhe a coragem dela quando você se sentir com medo, ajudando-a a despertar a sua guerreira interior para lutar, se levantar e se manifestar.

Quando convidar Durga para sua vida, ela auxiliará você a reconhecer suas necessidades e a não temer expressá-las, a encontrar uma crença inquebrável em si e em tudo que você merece. Se você realmente estiver pronta para descobrir seu valor e assumir todo seu poder, presença e potencial, então está na hora de conhecer Durga.

Crie um altar para Durga

- Monte um espaço sagrado que você possa visitar todos os dias para louvar e se conectar com a energia de Durga. O altar pode contar imagens ou símbolos da Deusa, ou ainda qualquer coisa que represente a força, a coragem e a sabedoria dela. Suas cores são o vermelho, o amarelo, o dourado e o laranja, então incorpore-as, e talvez inclua uma vela que você pode acender todos os dias para receber a energia de Durga.

- Sente-se ao altar todos os dias, orando e pedindo por apoio, orientação e força para Durga, em qualquer área da vida que precise disso tudo.

Medite com Durga

Encontre-se com Durga enquanto medita. Você pode imaginar a força e o poder dela em seu corpo, ou ainda visualizá-la sentada ao seu lado, compartilhando sua sabedoria e dando-lhe força e empoderamento. Comprometa-se a estar presente com a energia de Durga de 5 a 10 minutos por dia, durante 30 dias, e veja quais mudanças começam a ocorrer dentro de você.

Use o mantra de Durga

O mantra de Durga é: *Om Dum Durgayei Namaha*. Essa é uma oração em homenagem a ela. Repetida em silêncio ou em voz alta como um mantra de meditação para usar a vibração das palavras, o mantra invocará a energia e a proteção de Durga. Os mantras geralmente são repetidos 108 vezes, um número que, dizem, leva você a ficar em harmonia com o universo e o seu eu superior espiritual. Tente entoar o mantra de Durga todos os dias (há um cântico guiado no meu site, ou você pode arranjar um cordão de contas para ajudá-la a contar) e veja a sua vida se transformar.

Convide Durga

No começo de cada dia ou em momentos de dificuldade, dúvida ou medo, simplesmente convide Durga a estar presente com você.

Conte a ela com o que precisa de ajuda e peça por sua proteção, apoio e orientação. Observe onde sente a energia dela em seu corpo. É na barriga ou no coração? Qual é a sensação? É como um rugido poderoso ou um cutucar leve para a frente, ou é como se ela envolvesse todo o seu corpo com um manto protetor? Quanto mais se conectar com Durga, mais sentirá a energia dela fluir por você, guiando-a adiante.

Pergunte "o que Durga faria?"

Quando estiver incerta, insegura, ou quando precisar de um pouco de coragem extra para tomar uma decisão importante, pergunte-se: "O que Durga faria?" Então, deixe a energia da Deusa guiá-la e incorpore a ousadia, a coragem e o destemor característicos dela, para assumir seus próprios poder e coragem.

Personifique os arquétipos

A rainha

Invoque a sua rainha interior para mostrar que você é digna e merecedora de tudo o que deseja. Passe um ou dois dias na sua energia de rainha, sentindo como agiria, o que pediria e com o que toleraria ou não lidar se estivesse vivendo como a rainha que você realmente é.

A guerreira

Invoque a sua guerreira interior quando precisar se fazer presente por si, se manifestar ou se defender. Sinta a energia dela amparando-a, lutando por você e lembrando-a de quem você é.

Mantenha sua autoestima

Comece a erguer a cabeça e a ocupar o espaço que você merece no mundo. Ao início de cada dia, logo antes de entrar em um cômodo ou nos momentos em que duvidar de si e do seu valor, fique de cabeça erguida.

Plante os pés na terra, sinta-se crescer pelo topo da cabeça, empurre os ombros para trás e para baixo, erga a cabeça, abra bem o coração e sinta a Deusa interior preencher todo o seu ser.

AFIRMAÇÕES PARA RESGATAR A SUA AUTOESTIMA

- “Eu sou digna e mereço tudo o que desejo.”
- “Eu sou suficiente exatamente como sou.”
- “Eu me amo e me aprovo.”
- “Eu mereço felicidade (ou amor, abundância, alegria ou qualquer outra coisa).”
- “Eu estou em paz com o meu passado.”
- “Eu sou a minha melhor amiga.”
- “Eu sou única; não existe mais ninguém como eu.”

Você começou a resgatar seu valor e sabe que é o suficiente exatamente como é, assim como a Deusa planejava que você fosse. Vamos usar esses novos níveis de autoestima para começar a definir limites.

"Os limites são um dos melhores gestos de amor-próprio. Ajudam você a se proteger, se honrar e se valorizar como a Deusa que você é."

Capítulo 3

RESGATE OS SEUS LIMITES

Continuamos a nossa jornada pelo Caminho da Deusa com o resgate dos seus limites.

Os limites são um dos melhores gestos de amor-próprio. Eles geram mais autoestima, autoconfiança e respeito por si mesma. Ensinam aos outros as maneiras como você quer ser tratada. Ajudam você a se proteger, se honrar e se valorizar como a Deusa que você é. Sem limites definidos, talvez acabemos querendo agradar a todos, dizendo "sim" quando queremos dizer "não", e "não" quando queremos dizer "sim", constantemente nos abandonando, sem qualquer noção verdadeira de quem somos ou do que queremos, precisamos ou desejamos.

Quanto mais fazemos esse tipo de coisa, mais aumentamos a nossa sensação interior de ressentimento e raiva quanto a estarmos sempre fazendo o que não queremos fazer. Sentimos como se as nossas necessidades nunca fossem atendidas ou ainda que as pessoas estão sempre tirando vantagem de nós, além de que ninguém nos entende nem se importa conosco. Isso pode levar a um esgotamento, ao isolamento e até a uma vontade de agradar ainda mais todo mundo enquanto nos abandonamos, em uma tentativa de atender às nossas necessidades. Porém, a cada vez que nos abandonamos, deixamos de confiar em nós mesmas, nossos limites enfraquecem e tudo se torna um círculo vicioso.

Se você é afetada pelo humor das outras pessoas, sente-se culpada com frequência por nenhuma razão aparente, tem problemas para dizer "não" ou para pedir ajuda, geralmente se sente criticada ou incompreendida, ou até acredita que é de alguma maneira responsável por todo mundo e seus sentimentos, é provável que possa se beneficiar com alguns limites. Tire um tempinho agora para considerar onde não anda nutrindo, convidando ou dando ouvidos à sua Deusa interior, por estar ocupada demais se preocupando com o que as outras pessoas precisam. Quanto mais você ignorar a sua Shakti, mais se desconectará de si mesma e da sua energia feminina. Sim, o feminino nutre, alimenta e cuida, mas não à custa de si mesma. A primeira pessoa que você precisa nutrir, alimentar e cuidar é VOCÊ.

Quando criamos limites saudáveis, eles desenham uma linha invisível ao nosso redor que nos separa dos outros. Para qualquer uma de vocês com idade o bastante para se lembrar do célebre filme *Dirty Dancing — Ritmo Quente*, é como naquela cena: "Esse é o meu espaço de dança e esse é o seu." Um limite diz: "Esse é o meu espaço físico e energético, as minhas necessidades, sentimentos e responsabilidades, e esses são os seus." Isso a ajudará a saber onde você termina e os outros começam, e pelo que é ou não responsável.

Limites saudáveis nos ajudam a perceber que não é nosso trabalho consertar, salvar ou socorrer os outros, assim como não somos responsáveis pelos sentimentos, emoções, decisões, alegrias ou vida das outras pessoas. Definir e manter seus limites promove autoconfiança, e você começa a se sentir segura, sabendo que vai cuidar de si mesma e não se abandonar pelo bem dos outros. Os limites também ajudarão as outras pessoas a se sentirem seguras perto de você, pois saberão qual é o lugar delas ao seu lado, o que você quer e precisa, além do que é esperado, aceito e permitido.

Você talvez já tenha escutado o ditado de que expectativas destroem relacionamentos. Os limites nos ajudam a ter expectativas realistas conosco e com os outros, a comunicar e pedir o que queremos, em vez de apenas esperar que algo aconteça.

Podemos, geralmente, temer que, ao definir limites, afastaremos as pessoas, mas a verdade é que isso proverá mais segurança e conexão, pois não haverá mais nenhum ressentimento, decepção, frustração, confusão ou dúvida subjacentes. Os limites não existem para manter as pessoas longe, mas para proteger e honrar as suas necessidades; eles ajudam você a cuidar de si mesma e servem de aviso para os outros sobre o que você vai ou não aceitar, além de como quer ser tratada.

Quando você começa a definir limites, pode ser muito desafiador, principalmente caso tenha passado a maior parte da vida não tendo nenhum. Mas vai precisar de limites bem definidos para avançar pelo Caminho da Deusa. Conforme for começando a explorar, descobrir e se libertar mais, a sofrer mudanças, haverá um afastamento daqueles ao seu redor que desejam que você continue igual, e isso pode levá-la a querer desfazer os limites e agradar a todos ainda mais. A sua transformação, com muita frequência, evidencia onde as pessoas precisam mudar, mas não são corajosas o bastante para fazê-lo. Muitas vezes é mais fácil tentarem envergonhá-la ao ponto de fazê-la não mudar, em vez de olharem para a própria vida. Nesses momentos, é importante recordar-se de que as únicas pessoas que resistirão ou terão algum problema com os seus limites são as que se beneficiaram com a falta deles.

Também é natural e normal para as pessoas se afastarem quando não tiverem mais as mesmas coisas em comum com você ou quando vocês deixarem de compartilhar os mesmos valores. Por mais triste que isso possa ser, confie no processo — isso abre espaço para que outras pessoas cheguem, pessoas que estão mais alinhadas com quem você está se tornando.

Mantenha-se fiel a si mesma, expresse mais a sua Deusa interior e saiba que avançar por esse caminho é uma inspiração para muitas mulheres mundo afora. Quanto mais demonstramos o nosso poder da Deusa e reivindicamos os nossos limites, mais encorajamos e aceitamos outras pessoas que estão no mesmo caminho.

Tipos de limites

Existem muitos tipos de limites, mas aqui estão alguns que talvez você queira considerar no começo da sua jornada.

Limites físicos

Estes incluem o seu espaço pessoal, cuidados com o próprio corpo, como você se sente confortável sendo tocada/abraçada, o autocuidado, quando e o que você come e bebe, e o seu tempo livre e de descanso.

Talvez você não queira que as pessoas insistam para que beba em uma noitada, por exemplo, ou que a encorajem a ser ativa quando quer descansar e relaxar. Pode ser que haja certas pessoas ou situações nas quais você não vai se sentir confortável sendo abraçada ou ainda vezes em que vai desejar priorizar o exercício para o seu bem-estar.

Limites emocionais

Estes dizem respeito ao que você está confortável em compartilhar com os outros, o que está confortável que compartilhem com você e o quanto está disponível para dar apoio às pessoas.

Talvez signifique pedir por tempo e espaço quando precisar deles ou ser honesta se não tiver a capacidade emocional de lidar com os problemas dos outros em determinado momento. Ou talvez signifique pedir para que alguém não discuta certos tópicos com você ou não se sentir responsável pelos sentimentos dos outros e ficar tentando consertá-los.

Limites de tempo/recursos

Estes incluem o como, quando e com quem você escolhe gastar o seu tempo, dinheiro e energia. Eles são mercadorias preciosas, e os limites garantem que você os gaste com sabedoria. Talvez precise definir um limite com o amigo que está sempre atrasado e dizer que só terá quinze minutos disponíveis, e não o dia inteiro. Talvez seja recusar um dia em um spa caro logo antes de o salário cair ou o convite para uma noitada quando está sem dinheiro ou exausta.

Ritual de resgate

Agora que você sabe um pouco mais a respeito dos limites, qual é o mais importante que você precisa definir para si mesma hoje? Em qual área da vida ou com quem você mais sente que precisa definir um limite?

❍ Comprometa-se a definir e a manter um limite esta semana. Primeiro, obtenha clareza quanto ao motivo de você estar definindo esse limite, para que possa se lembrar disso nos momentos quando pensar em abandoná-lo. Por exemplo, pode ser que você tenha definido o limite de não discutir determinado assunto com a família para cuidar da própria saúde emocional ou mental, ou talvez de dizer "não" para a amiga que quer passar na sua casa toda noite, porque você quer ficar sozinha, dedicando esse momento para descanso e autocuidado.

- Depois, você pode praticar como vai defini-lo e o que vai dizer. Nas primeiras vezes, tendemos a definir limites rígidos que nos fazem, desde o começo, sermos duras demais ou afastarmos algumas pessoas, mas você vai melhorar conforme praticar. Fale com o coração, seja clara e concisa quanto ao limite e quais são as suas necessidades. Lembre-se de explicar com base em seu ponto de vista e tente não culpar nem fazer aquilo ter a ver com a outra pessoa — trata-se de você definindo um limite por *você*.

Conheça-se

Ter limites bem definidos requer uma noção profunda de autoidentidade e um conhecimento a respeito de quem você é e do que você quer e valoriza. É ao redor dessa noção da verdade sobre si mesma que você criará esses limites.

Para fazer isso, é de grande ajuda identificar quais são os seus valores principais, pois serão eles que permitirão que conheça e entenda tanto a si mesma quanto o que é importante para você. Isso passa a significar poder ter uma vida mais autêntica e com propósito, pois os valores vão informar as suas decisões, os seus comportamentos e as suas escolhas, além de permitir que limites sejam criados ao redor de quem você é e do que mais importa para você.

Assim que souber quais são os seus valores, notará que, quando está em desarmonia com eles, é justamente quando você se sente mais perdida, confusa, estagnada, infeliz e incapaz, e isso a orientará até onde novos limites são necessários em sua vida. Lembre-se também de que seus valores podem e vão mudar enquanto você evoluir e crescer, então sempre passe um tempo refletindo a respeito disso e verificando o que você considera importante.

Ritual de resgate

- Identifique os seus cinco valores mais importantes. Há muitas listas de valores que você pode pesquisar na internet. Comece se livrando de qualquer um que não ressoe nada com você. Tente selecionar os dez mais importantes e, então, os cinco.
- Quando os tiver descoberto, seja sincera sobre em qual parte de sua vida você não está vivendo alinhada com eles. Essas partes provavelmente serão os lugares em que sua vida parece complicada e insatisfatória, e onde você talvez não os esteja honrando.
- Use os valores como uma força orientadora para os seus limites. Por exemplo, se um dos seus valores principais for a paz, talvez possa criar limites ao redor de quanto tempo passa com pessoas que trazem caos à sua vida ou que a colocam em ambientes sociais que fazem você se sentir ansiosa. Se valoriza a verdade, talvez crie limites em relação às fofocas ou quaisquer situações de disse-me-disse, preferindo ir direto à fonte para buscar respostas.

Explore as suas crenças sobre limites

Está na hora de eu fazer uma confissão nada agradável, mas sinto que nos conhecemos bem o suficiente para isso. Pronta? Eu costumava dizer "sim" a muitos convites, sabendo muitíssimo bem que eu não queria ir e não iria; então, mais próximo do dia ou hora do compromisso, eu inventava uma desculpa (sinto muito a todos com quem fiz isso).

Quanto mais eu me conhecia, mais desagradável era a sensação de estar tão desalinhada de quem eu queria ser e da maneira totalmente autêntica com que eu queria me expressar. Eu me sentia horrível cancelando os compromissos e, às vezes, nem sequer avisava e simplesmente não aparecia. Um comportamento péssimo.

Só quando realmente examinei esse fato foi que descobri uma crença profunda de que as pessoas não gostariam de mim se eu não dissesse "sim" e que, por isso, nunca mais me convidariam. No entanto, depois de eu tê-las decepcionado, a probabilidade era de que realmente não me convidariam, o que acabava confirmando a teoria. Então, para tentar fazer com que as pessoas gostassem de mim, eu dizia "sim" ainda mais vezes, e o ciclo continuava.

Em vez de enfrentar o momento desconfortável e dizer "Não, obrigada", o que teria resguardado o relacionamento e fomentado confiança, respeito e intimidade, eu me comportava de um jeito que provavelmente criaria o exato resultado que eu tentava evitar. É isso que a falta de limites faz com a gente.

Muitas vezes não respeitamos os nossos limites, principalmente como mulheres, pois queremos ser vistas como "boa garota" ou como a "garota educada", ou ainda assumimos o papel de cuidadora de todo mundo, já que fomos ensinadas que é egoísmo priorizar a nós mesmas, então satisfazemos os outros à nossa custa. Ou talvez estejamos tomando um atalho espiritual, usando a espiritualidade para evitar problemas ou situações desconfortáveis, transformando tudo em "amor e luz" ou justificando os comportamentos dos outros. Com o passar do tempo, no entanto, isso resulta em autoabandono e ressentimento.

Ritual de resgate

- Reserve um tempo para reconhecer os medos que você tem em relação à criação de limites. Aprofunde-se, e seja sincera e vulnerável. Quais crenças fortes a impediram de criar limites no passado?
- Assim que as tiver identificado, elas podem ajudá-la a criar limites no futuro. Por exemplo: "Se eu não tivesse medo de que não fossem gostar de mim, o que eu faria?"

Resgate o seu "não" sagrado

Resgatar a palavra "não" é um dos primeiros passos na criação de limites. Apesar de ser uma palavra tão pequena, para muitas de nós é difícil dizê-la. E, por ser tão difícil, tendemos a inventar desculpas, explicar demais e tentar justificar o motivo de não querermos fazer algo, o que só nos faz sentir cada vez mais que estamos fazendo algo errado.

Eu me lembro do quão desafiador foi quando comecei a falar "não" para os convites. Eu listava todos os motivos pelos quais não conseguiria ir e falava em círculos, enviando mensagens de voz de seis minutos sobre como "eu adoraria ir, mas...". Cada vez que eu fazia isso, o resultado era que eu me sentia ainda mais culpada, e, quando refleti profundamente, descobri que era porque eu estava abandonando a mim mesma e as minhas necessidades, fazendo com que eu sentisse que estava, de alguma forma, decepcionando alguém ou fazendo algo errado. Porém, com o passar do tempo, percebi que dizer "não" para eles era dizer "sim" para mim e, desde então, passei a falar "sim" para mim mesma com muito mais frequência.

Comece a praticar o "não" como uma frase completa por si só (você pode adicionar "obrigada" ao final se isso a fizer se sentir melhor!), sem sentir a necessidade de inventar desculpas. Lembre-se também de que tudo que vem antes de um "mas" é balela. Sempre inventamos desculpas como "Eu adoraria, mas...". Se você realmente "adoraria ir", você iria. Esse é outro jeito de inventar desculpas para nós mesmas e nossas decisões, o que tira o poder das nossas mãos.

Em vez disso, tente: "Eu adoraria me encontrar com você; vou estar ocupada neste final de semana, então que tal na próxima quarta-feira?" Ou ainda: "Isso me parece ótimo, só que não quero me comprometer com nada agora. Eu entro em contato com você mais tarde." Retome o poder das suas palavras e decisões.

Ritual de resgate

Dizer "não" pode ser muito, muito desconfortável. Então, o seu ritual de resgate é acomodar-se com a sensação de desconforto do seu "não". Quanto mais fizer isso, mais ampliará os limites da sua tolerância. É como um banho de gelo — na primeira vez, você talvez aguente quinze segundos e queira sair; na segunda, talvez dure trinta segundos, depois um minuto e, então, três.
Na primeira vez que definir um limite, talvez a sua "boa garota" interior dê as caras e diga "na verdade, sim, eu vou fazer isso", ou talvez a sua mente liste todas as razões pelas quais a outra pessoa não vai mais gostar de você, ou ainda que você é uma pessoa horrível. Mas, conforme for aprendendo a conviver com

esse desconforto, mais fácil fica. Nesses momentos, volte-se para você, esteja presente por si mesma, acalme-se e encoraje-se, ame-se e cuide de si mesma. E lembre-se do motivo de ter definido o limite e saiba que tem o direito de tomar as decisões que são melhores para você.

Ao começar a dizer "não" para as coisas que já não a deixam animada, coisas que já não lhe servem mais e coisas que já não trazem alegria, mais espaço abrirá para dizer "sim" a tudo que você quer fazer. Resgatar os seus "não" também a ajuda a resgatar os seus "sim". Como Glennon Doyle diz no livro *Indomável*: "Todas as vezes que você tem que escolher entre decepcionar outra pessoa e decepcionar a si mesma, a sua responsabilidade é decepcionar a outra pessoa. Seu trabalho, ao longo de toda sua vida, é decepcionar quantas pessoas for preciso para evitar decepcionar a si mesma."

Se realmente tiver dificuldades para dizer "não" no começo, sinta a Deusa dentro de você. Sinta a energia, o poder e a força dela a preencherem por completo, então permita que ela lhe empreste sua voz e fale por meio de você — "não".

Escute a sua sabedoria corporal

Como aprendemos na Introdução, a energia da Deusa vive em nosso corpo e, quando começamos a nos realinhar com a nossa sabedoria corporal inata, percebemos que nosso corpo está sempre tentando se comunicar conosco e nos mostrar algo.

Os sentimentos são um indicador poderoso de onde os limites foram ultrapassados, principalmente a raiva e o ressentimento, os quais aparecem quando sentimos que tiraram vantagem de nós ou quando não nos sentimos apreciadas. Além de desconforto, ansiedade, medo, esgotamento, exaustão ou estresse, você também pode notar sintomas físicos, como a mandíbula ficando tensa quando alguém está passando dos limites em uma conversa, o coração se comprimindo, o estômago se revirando ou o peito se apertando. Isso é o seu corpo e a sua energia sagrada interior tentando sinalizar que algo não está certo.

Você também pode recorrer à sua sabedoria corporal para ajudá-la a tomar decisões e a definir limites. Digamos que foi convidada a um lugar e não tem certeza de que quer ir. Feche os olhos, respire profunda e lentamente algumas vezes enquanto presta atenção no seu corpo. Então, imagine-se dizendo "sim" e observe o que acontece. Imagine-se dizendo "não" e observe o que acontece. Pode ser que, quando você se imaginou dizendo "sim", sentiu o estômago apertar, o batimento acelerar e a garganta fechar. E, quando se imaginou dizendo "não", sentiu um calorzinho por dentro, um pouco de paz e tranquilidade. Isso lhe dará a resposta.

Ritual de resgate

Esta semana, volte-se para sua sabedoria corporal quando precisar de respostas e orientações. Algo que tento levar para a vida é que, se o corpo todo não disser "sim", então é um "não". Quando preciso tomar uma decisão sobre fazer algo, eu me imagino dizendo "sim" e, então, fazendo a coisa em questão; a não ser que todo o meu corpo diga "sim" a isso, eu tento dizer "não".

É óbvio que há alguns compromissos na vida que devemos cumprir, mas, quando for possível, pratique isso. Ao longo da semana, se não for um "sim" de corpo inteiro, então é um "não". Quanto mais praticar e entrar em sintonia com a sabedoria do próprio corpo, mais alta e nitidamente conseguirá ouvi-lo guiando-a em todas as decisões que precisar tomar.

INVOQUE A DEUSA

Hécate governa as fronteiras e é a Deusa a ser chamada quando precisamos definir os nossos limites. Ela também é a Deusa das encruzilhadas e, portanto, emprestará a você sabedoria sempre que precisar tomar decisões difíceis, transformar a própria vida e decidir por qual caminho seguir, o que, muitas vezes, requer limites bem definidos.

Ela é considerada uma das personificações mais antigas da Deusa tríplice, refletindo os seus poderes sobre o céu, a Terra e o submundo. É geralmente vista segurando duas tochas flamejantes e chaves.

Assim como as suas origens são encobertas por mistério, Hécate tem sido associada a muitos papéis diferentes ao longo dos séculos, tal como a Deusa da lua e da noite, do trabalho psíquico, da bruxaria, da proteção, da magia e da divinação. No entanto, talvez ela seja mais conhecida pelo seu papel no mito da primaveril Deusa Perséfone, sequestrada e levada ao submundo por Hades. Hécate ajuda Deméter, a mãe de Perséfone, a encontrá-la e, então, conduz o caminho pela noite, com tochas para levá-la de volta.

Ela nos guia para fora de lugares obscuros, por isso chame-a quando estiver lutando com a falta de limites, com a necessidade de satisfazer pessoas e com recaídas em velhos hábitos e padrões. Visualize as tochas guiando você em direção a uma vida com mais força, coragem e luz, e deixe-a ser o farol dos seus limites.

Como protetora e guardiã destemida, Hécate lhe emprestará força e lhe dará apoio para definir e manter limites. Como a Deusa do limiar, do entremeio, ela a ajudará a conviver com o desconforto dos "não" enquanto aprende a criar limites e a abrir espaço para os seus "sim".

É ainda mais poderoso trabalhar com Hécate à noite e durante a lua nova, mas ela aparecerá para você em qualquer hora que precisar dela. Se estiver pronta para ter no seu time uma especialista fantástica em limites, então é o momento de trabalhar com Hécate.

Crie um altar para Hécate

- Crie um espaço sagrado em que possa se conectar com Hécate e buscar sua orientação. Você pode incluir duas velas pilar para representar as tochas da Deusa, talvez uma chave como símbolo de que está disposta a destravar partes suas e mais qualquer outra coisa que represente Hécate ou limites para você — talvez até uma foto de você mesma para se lembrar de que os limites são um ato de amor-próprio.
- Anote os limites com que você está trabalhando e os mantenha no altar. Acenda as velas todos os dias e leia os limites para Hécate, pedindo por força e apoio enquanto os define e preserva, mantendo o coração aberto. Cada vez que definir e mantiver um limite, celebre no espaço dedicado ao altar e agradeça a Hécate.

Faça oferendas lunares

Como uma Deusa da lua, oferendas eram feitas à Hécate durante a fase escura da lua. Continue essa antiga tradição ao deixar oferendas a ela nos dias anteriores aos de uma lua nova. Esse é o ponto menos energético e emocional do ciclo lunar e nos leva a mergulhar fundo nas emoções. Será geralmente nessa época do mês que você sentirá mais emoção, frustração e raiva, principalmente nos aspectos de sua vida em que limites estão sendo ultrapassados e/ou precisam ser definidos.

Nas noites que antecedem a lua nova, faça uma oferenda para Hécate toda noite, como comida, flores, algo da natureza ou um cristal, e peça ajuda e apoio nas áreas da sua vida em que estiver com dificuldades.

Na lua nova, defina quais limites quer instaurar ao longo do mês seguinte.

Na lua crescente (conforme a lua cresce), peça a Hécate que lhe empreste força e coragem para definir e manter limites, e comece a se comprometer consigo mesma e a se manifestar.

Conforme a lua mingua, Hécate ajudará você a ter conversas difíceis, fortalecendo os limites e fazendo se desapegar dos próprios medos de limites ou de qualquer pessoa ou coisa em sua vida que não lhe sirva mais, o que se tornará mais óbvio quanto mais fortes os seus limites ficarem.

Queime os seus medos de limites

- Encontre uma vela pilar que represente a tocha de Hécate (você pode usar a do seu altar). Anote tudo o que você mais teme enquanto define um limite, então leia em voz alta para Hécate e peça força, sabedoria e coragem. Coloque essa lista no fogo (de maneira segura) enquanto visualiza a tocha da Deusa queimando e levando embora o que você teme. Faça isso toda vez que se sentir desafiada a definir um novo limite, e novos medos surgirem.
- Também é possível fechar os olhos e se visualizar jogando os medos e dúvidas nas tochas de Hécate, e até imaginar o fogo da Deusa dentro de você, queimando e levando embora as vozes internas e os medos advindos da imposição de limites.

Transmute o seu "não" em "sim"

Como rainha das bruxas e da magia, Hécate pode ajudá-la a transmutar o "não" em "sim". Toda vez que você se mantiver firme e disser "não" para alguma coisa, visualize Hécate levando esse não para dentro de seu caldeirão mágico, então veja-o arder em chamas e transformar-se no espaço para um "sim", para que algo novo chegue a você.

Assim como o poder de manter as coisas do lado de fora, Hécate também tem o poder de dar acesso e de permitir que as coisas entrem, então conte à Deusa o que você gostaria de convidar para a sua vida e o que pode preencher o espaço que está criando ao definir limites. Ela tem as chaves dos portões de todos os reinos e a ajudará a destravar certas partes suas enquanto se mantiver firme com os seus limites, o seu senso de si e o que realmente quer. Sinta-a celebrar com você toda vez que definir um novo limite e descobrir uma nova parte sua.

Incorpore os arquétipos

A mãe

Invoque sua mãe interior para abraçá-la e cuidar de você em sua jornada com os limites. Assim como uma mãe protegeria de maneira destemida e faria o que fosse melhor para a filha, sinta-se sendo protegida, nutrida e amparada por sua mãe interior.

A selvagem

Invoque sua selvagem interior quando precisar se afastar do que é esperado de você, começar a trilhar o próprio caminho. Limites são geralmente necessários quando começamos a nos transformar, o que pode incomodar aqueles que desejam que continuemos iguais.

Defina os seus limites

Quando precisar definir limites, você pode tentar visualizá-los como uma força física ao seu redor. Talvez se veja envolta por uma redoma de vidro, uma luz branca, ou enxergue o limite desenhado no ar entre você e outra pessoa.

Também é possível invocar Hécate e visualizá-la usando a tocha para criar uma linha limítrofe entre você e as outras pessoas, ou, ainda, vê-la parada à sua frente criando uma porta que bloqueia certas coisas e pessoas, como a guarda-costas particular dos seus limites.

AFIRMAÇÕES PARA RESGATAR OS SEUS LIMITES

- "Eu honro a mim mesma ao honrar os meus limites."
- "É seguro criar e manter os meus limites."
- "Eu tenho o direito de tomar as decisões que são melhores para mim."
- "Dizer 'não' para os outros me permite dizer 'sim' para mim mesma."
- "Eu confio na minha sabedoria corporal."

Eu realmente espero que este capítulo tenha ajudado você a começar a honrar a si e às suas necessidades, a dar ouvidos à sua sabedoria interior e profunda, e a se expressar e a se manter fiel ao seu poder e verdade. Vamos pegar toda essa nova força e usá-la para curar as feridas da bruxa e da irmã.

“Saiba que você não tem mais que se esconder para sobreviver. Precisamos de você e de seus dons, poder e magia.”

Capítulo 4

RESGATE A BRUXA INTERIOR

Continuando a nossa jornada pelo Caminho da Deusa, quero explorar algumas das feridas mais profundas, antigas e subconscientes que atrapalham o nosso caminho em direção a sermos capazes de expressar, incorporar e nos conhecer de verdade, assim como a outras mulheres e à Deusa. Prepare-se para mergulhar um pouquinho mais fundo enquanto damos uma olhada nas feridas femininas.

A ferida da bruxa

Uma das principais coisas que atrapalham as mulheres a entrarem e a avançarem pelo Caminho da Deusa é algo conhecido como "ferida da bruxa". A ferida da bruxa é um trauma coletivo e hereditário, escondido bem fundo em nossa psique e DNA. Foi herdado de vidas passadas e de nossas linhagens ancestrais, de épocas em que as mulheres eram perseguidas, humilhadas e até mortas por serem curandeiras, sábias, selvagens, herboristas, visionárias e detentoras da verdade.

Há não muito tempo, mulheres como você e eu teriam sido queimadas na fogueira ou afogadas pelas crenças que têm em relação à espiritualidade. Durante a caça às bruxas, milhares e milhares de mulheres foram mortas pelo que estamos fazendo agora — conectando-nos com a sabedoria feminina, comungando com a natureza, trabalhando com cristais, ervas ou astrologia, reunindo-nos para adorar a lua, confiando em nossa intuição ou simplesmente nos destacando da multidão. É isso que nos faz temer sermos diferentes ou "demais"; é o que nos impede de fazer o que somos chamadas a fazer; nos impede de falar, de brilhar e de compartilhar os nossos dons; nos mantém pequenas, escondidas e temerosas.

Realmente acredito que uma das razões pelas quais muitas de nossas irmãs foram acusadas ou queimadas era o fato de serem indomáveis, incontroláveis, conectadas com a própria intuição, magia e conhecimento profundos; era o fato de trilharem o Caminho da Deusa. Queriam silenciá-las, assim como seus dons e poderes femininos, que representavam uma ameaça aos poderes da época.

Muitas das mulheres acusadas eram mais velhas ou solteiras. Acredito que é justamente disso que advém nosso receio em envelhecer ou nosso terror de não encontrarmos alguém e ainda não termos nos casado até certa idade. Isso é algo mais profundo do que as expectativas sociais atuais — diz respeito a antigos medos profundamente arraigados, medos de estarmos vulneráveis, inseguras e passíveis de sermos acusadas. Por outro lado, muitas de nós permanecem quase que eternamente solteiras, pela ideia de que, antigamente, não era seguro relacionar-se conosco, pois pessoas próximas também poderiam ser acusadas. Tentamos proteger os outros de se aproximarem demais, afastando-os subconscientemente. Carregamos uma crença profunda de que há algo errado conosco e que a aproximação seria prejudicial aos outros.

Mulheres eram mortas por serem bonitas demais, feias demais, sinceras demais, confiantes demais, por recusarem os avanços de um homem ou ousarem ser diferentes do que a sociedade ditava — parece algo familiar? Mesmo nos dias atuais, grande parte dessa caça às bruxas ainda acontece.

Sei que fui queimada na fogueira em uma vida passada; é um saber que carrego bem fundo dentro de mim. No começo da minha jornada espiritual, eu escondia muito do que fazia, porque tinha um medo profundamente arraigado de que, de alguma maneira, não seria seguro contar a respeito disso para as pessoas. Por volta da mesma época em que comecei a trabalhar com a Deusa, fiquei fascinada pela caça às bruxas que aconteceu em Pendle (perto da cidade onde nasci, Lancashire). Lembro-me de visitar Pendle, ler histórias e sentir como se eu conhecesse o local e aquelas mulheres. Quanto mais eu começava a compartilhar a minha jornada espiritual, mais sentia medo em falar a respeito de coisas como magia lunar, intuição e cristais. Havia uma voz interna que gritava comigo para não falar disso e, então, com o passar dos anos, acabei me reprimindo por causa dela.

Também recordo que uma vez eu estava no banco traseiro de um táxi, tentando gravar um story para o Instagram sobre um workshop que eu estava oferecendo, sobre cura da ferida da bruxa. Literalmente não consegui colocar as palavras para fora na frente do taxista. Toda vez que eu chegava a uma parte específica, era como se a minha garganta se fechasse, meu corpo enrijecesse e eu sentisse um medo visceral quanto a dizer aquilo em voz alta. Até mesmo agora, ao escrever estas palavras, tem uma parte minha que quer deletar a página toda e nunca mais falar disso, pois não me parece seguro. Um instinto de sobrevivência vem à tona, e quero correr e esconder, encolher, silenciar, censurar a mim mesma — mas não mais; eu estou resgatando a minha bruxa interior.

Se algum dia você se pegar sentindo a mesma coisa enquanto fala da sua jornada espiritual ou do Caminho da Deusa, se souber que tem mais a oferecer, mas tiver medo e duvidar de si ou dos seus dons, se temer falar a verdade, se tiver dificuldade para ouvir e confiar na sua intuição, ou ainda se simplesmente sentir a verdade dessas palavras bem fundo dentro de você, eu também a convido a resgatar a sua bruxa interior.

Ritual de resgate

A primeira parte deste ritual é reconhecer a existência da ferida da bruxa e como ela atua na sua vida. Tire um tempinho para escrever sobre onde você sente que se encolhe, silencia e censura, e o porquê. Tem alguma parte sua que se sente insegura e que a faz querer se diminuir no meio da multidão, escondendo a si, sua sabedoria e seus dons femininos inatos? Você tem dificuldade para confiar na sua intuição ou sente medo dos dons psíquicos e de quando simplesmente "sabe" de alguma coisa? Esconde dos outros os seus cristais ou as práticas e crenças espirituais, por medo de ser ridicularizada ou julgada?

Observe como essa ferida beneficiou você e a "manteve segura". Perceba como essas feridas da bruxa procuram não apenas mantê-la segura, mas mantê-la viva. Agora, agradeça a elas e avise que você não precisa mais delas, que você resgatará a totalidade da sua magia, poder, dons e valor.

E então resgate-os. Como você imagina que poderia recuperar a totalidade da sua bruxa interior? Falaria mais sobre a sua jornada espiritual, abraçaria práticas e crenças mágicas, não teria mais medo de ser solteira, não deteria a sua verdade, começaria a compartilhar os seus dons, confiaria e seguiria sua intuição?

Saiba que você não tem mais que se esconder para sobreviver. Precisamos de você e de seus dons, poder e magia. Regaste tudo o que lhe foi tirado, e faça isso agora pelas irmãs que perderam a vida e não podem mais fazer isso por si mesmas. Em memória delas, comprometa-se a resgatar a sua bruxa interior.

INVOQUE A DEUSA

Hécate é a Deusa das bruxas e da magia que vimos no último capítulo. É conhecida por abençoar as bruxas, passar sua sabedoria e conhecimento adiante, e mostrar a verdade a respeito do quanto você é realmente poderosa. Convide-a para participar da sua magia e peça orientação, proteção e sabedoria para ajudar você a se conectar e a resgatar a própria bruxa interior sem medo.

Ela tem uma forte conexão com a medicina herbal, o trabalho psíquico e manifestações, além de trabalhar com a lua e a natureza. Então invoque-a se quiser resgatar e desenvolver qualquer um desses dons. Visualize-a usando a chave para libertar a sua bruxa interior e liberar sua magia e poder. Peça que se torne a sua professora, e se ofereça a ela como uma estudante dedicada. Sendo bem clara aqui: você *realmente* precisa se dedicar.

Hécate forçará você a ir além dos seus limites, em direção ao resgate da totalidade da sua bruxa. O significado original da palavra *witch* (bruxa, em inglês) nos idiomas antigos eram *wise* (sábia) ou *wisdom* (sabedoria), então resgate a palavra "bruxa" e resgate a sua própria sabedoria. Reconheça-se como bruxa — uma mulher sábia conectada à própria sabedoria e poder selvagem feminino. Observe como você sente tal palavra no corpo, enquanto a diz em voz alta. Mais uma vez, comece a incorporar e sentir sua bruxa interior conforme resgata a curandeira, a sábia e a selvagem, com Hécate guiando o caminho.

Ragana é uma Deusa báltica da bruxaria, cujo nome significa literalmente "bruxa" ou "ver". Diz-se que ela costuma se esconder ou mudar de forma, que é mais ativa pela noite e que não gosta de ser vista por estranhos. É ela quem você deve invocar se estiver escondendo a si mesma, seus dons ou práticas espirituais.

É preciso levar a sério sua bruxaria para que Ragana se revele, então, como ela, comece com práticas devocionais silenciosas. Comprometa-se com seu ofício, suas crenças e sua bruxa, pois é por meio dessa conexão interior que você encontra confiança para compartilhar cada vez mais disso tudo com o mundo exterior.

Conforme ela começar a se revelar para você, peça a Ragana que a ajude e mostre o que ela sabe, então preste atenção às tarefas e à sabedoria que ela conceder a você.

Ísis é a Deusa egípcia da magia, da cura e da proteção. Ore para ela e peça que cure a sua ferida da bruxa, que cuide de você enquanto começa a compartilhar mais da sua magia com o mundo. Ísis com frequência aparece em sonhos, então preste atenção ao que sonhar quando estiver trabalhando com ela.

Como uma Deusa das vidas passadas, sente-se em meditação com ela e peça ajuda para enxergar e curar a ferida da bruxa de vidas passadas, a fim de que você agora possa compartilhar os seus dons abertamente. Peça que ela mostre a você as lições que tais vidas lhe ofereceram e que a ajude a se libertar de memórias e medos de vidas passadas que estão impedindo-a de avançar. Sinta a cura, o amor e apoio de Ísis enquanto você resgata a sua magia.

Incorpore os arquétipos

A curandeira

Invoque a sua curandeira interior para apontar qualquer cura ancestral que precise ser feita, relacionada à ferida da bruxa. Peça-lhe, então, para mostrar as diversas vidas em que você servia, quando ainda tinha consciência dos seus poderes e magia, e solicite auxílio para resgatar e compartilhar esses dons mais uma vez.

A selvagem

Peça para a sua selvagem interior ajudá-la a se libertar de quaisquer algemas de vidas passadas que a mantenham contida, punindo-a e impedindo-a de ser quem você é. Não espere mais por permissão para ser você mesma em sua totalidade — liberte você e sua bruxa, abrace e celebre a sua selvageria indomável.

A ferida da irmã

A ferida da bruxa infelizmente levou à ferida da irmã, que também habita muitas de nós. Com raízes bem profundas, é uma dor ou desconfiança que temos diante de outras mulheres. Ela dá as caras quando há comparação, insegurança e julgamento, muitas vezes evitando o sentimento de uma sororidade ou confiança verdadeiras entre nós.

Séculos atrás, as mulheres se reuniam para rituais e curas, para compartilhar sabedoria e se amparar. Você já deve ter escutado a frase que diz que "a união faz a força". Nossas irmãs no passado entendiam isso muito bem, quando as mulheres cozinhavam, comiam e criavam filhos juntas, em solidariedade e apoio umas às outras.

Todos sabemos o poder incrível que resulta da união das mulheres, e isso era uma ameaça aos sistemas de controle patriarcais, principalmente na época da caça às bruxas, entre a metade e o final do século XVII. Mulheres reunidas em grupos eram acusadas de serem um coven, e tais mulheres eram rotuladas de bruxas e mortas. Então elas pararam de se reunir. Pior ainda: não raro uma mulher acusada era encorajada a entregar e a acusar outras para salvar a própria vida.

O medo de nos reunir continua nos habitando por conta do perigo associado a isso, assim como é comum colocar uma mulher contra a outra. Ainda hoje, somos constantemente comparadas umas às outras, ou nos fazem acreditar que as demais são, de alguma maneira, uma ameaça para nós, por meio de publicidades, comparações corporais, histórias de traição sensacionalistas na mídia nas quais as mulheres tendem a ser as culpadas, e programas de TV em que disputam a atenção de um só homem. No lugar de enxergarmos as mulheres como irmãs e aliadas, nos ensinaram a enxergar umas às outras como rivais.

Todas nós provavelmente já nos sentimos decepcionadas, traídas e magoadas em um relacionamento com outras mulheres, ao darmos continuidade, sem perceber, a crenças patriarcais silenciosas e internalizadas de que mulheres não são confiáveis, de que estamos sempre em competição umas com as outras e de que a vitória da outra significa que você perdeu. Talvez sintamos inveja do sucesso ou do relacionamento de outra mulher, ou ainda nos encontremos sempre comparando nossa aparência ou corpo ao de outra. Talvez não nos sintamos boas o bastante em grupos de mulheres, ou acreditemos que as outras de alguma forma são melhores do que nós ou têm tudo que queremos.

Conforme esses sentimentos de insegurança, inveja e julgamento vão surgindo, pensamos que elas podem tirar algo de nós, então vamos nos afastando dessas mulheres, constrangemos e fofocamos sobre elas, nós as excluímos e rebaixamos. Basta dar uma olhada em revistas ou em sites de fofoca para ver isso acontecer em uma grande escala, quando ataques são lançados (geralmente por outras mulheres) contra o corpo de outra, suas escolhas de relacionamento e decisões de carreira. E qual o nome que damos a isso? Caça às bruxas. Essas feridas têm raízes muito profundas.

Toda vez que censuramos ou diminuímos outra mulher, censuramos e diminuímos a Deusa em si. Toda vez que traímos ou competimos com outra mulher, traímos e suprimimos a Deusa e a nós mesmas. Então como colocar um ponto-final nisso? Parando de participar — quando percebermos que as outras mulheres são um reflexo da Deusa, como nós, e quando voltarmos a nos unir, em vez de alimentarmos sistemas de repressão, supressão e controle. Porque a verdade é que as mulheres precisam de outras mulheres; precisamos de irmãs, de aliadas e de comunidade. Precisamos conseguir ver, sentir, encontrar e reconhecer a Deusa em cada uma de nós, uma por meio da outra. Ao apoiarmos e elevarmos umas às outras, apoiamos e elevamos a Deusa e a nós mesmas. Toda vez que uma mulher ganha, todas ganhamos.

Se você realmente quer trilhar o Caminho da Deusa, está na hora de resgatar a sororidade. E, ao fazer isso, poderemos ajudar umas às outras, nos abraçar, nos curar e nos levar de volta para casa, pelo Caminho da Deusa.

Ritual de resgate

O primeiro passo para resgatar a sororidade é reconhecer que a ferida da irmã existe. Escreva a respeito de onde a ferida da irmã se fez presente em sua vida — quando você talvez julgou, criticou ou humilhou outra mulher, ou ainda quando sentiu que isso aconteceu com você. Anote quando se sentiu diminuída ou insegura perto de outra mulher, assim como as emoções que surgiram e as atitudes que você tomou diante dela.

Olhe para as próprias sombras (falaremos mais disso no Capítulo 7) e inseguranças, e observe como você projeta e julga. Em seguida, esforce-se para curar isso de maneira que outras mulheres não sejam mais como um gatilho para você.

Ao assumirmos onde cada uma de nós teve um papel nesta ferida contínua, temos a chance de trazê-la à luz, de dizer "chega" e de, aqui e agora, colocar um fim nisso. Vamos parar de brigar e, em vez disso, começar a nos encorajar e nos apoiar.

Como parte da sua cura, você pode escrever uma carta (que não precisará enviar) para outra mulher, reconhecendo onde a ferida da irmã se fez presente no passado. Pode optar por entrar em contato e fazer as pazes na vida real ou apenas chamar tal mulher em sua mente e coração, dizendo-lhe tudo o que desejar. Talvez haja laços que você prefira cortar para se desapegar dessa energia (veja a página 129).

Depois, comece a resgatar a sororidade. Comprometa-se a encorajar outras mulheres e a enxergar e a aceitar a Deusa nelas. Comprometa-se a não fofocar mais e a não colocar as outras para baixo. Reúna-se em círculos com mulheres, ouça suas histórias, veja o verdadeiro eu delas e, em troca, deixe que a sua verdade comece a transparecer. Talvez você possa se encontrar com amigas e conversar sobre as suas feridas da irmã; seja vulnerável, compartilhe — é assim que curamos essa ferida e voltamos, mais uma vez, a nos unir.

Quando as mulheres se reúnem, em especial com uma intenção compartilhada, magia acontece. Começamos a nos lembrar de quem realmente somos e de qual é o poder do sagrado feminino.

Forjamos conexões profundas e significativas, amparamos e nos encorajamos por meio de vulnerabilidades, medos, esperanças, sonhos e celebrações. Isso é sororidade.

Cura ancestral

Sinto que aqui é importante mencionar, mesmo que brevemente, a cura ancestral, pois grande parte da nossa ferida feminina atravessa nossas linhagens ancestrais, por meio de encadeamentos sem fim de condicionamentos, medos, crenças e negócios inacabados.

Você pode ter testemunhado a própria mãe ou avó suprimirem suas vozes, seus dons e seus poderes devido a expectativas sociais ou geracionais, ou pode ter se visto colocando em prática algumas das crenças e limitações antigas de família, como acreditar que só homens podem conseguir sucesso e obter dinheiro; ou, por exemplo, crenças sobre nunca se demitir de um emprego corporativo para correr atrás de um sonho. Talvez você se veja como a exceção na família, não realmente se encaixando e sempre se sentindo diferente — e é por isso que você veio à Terra desta vez, para ser a responsável, em sua linhagem, por fazer as coisas de outro jeito. Você é uma quebradora de ciclos.

Ritual de resgate

Se conseguir, descubra a história da sua mãe e da sua avó, as dificuldades e os medos delas, assim como o que esperavam, sonhavam e desejavam para si. Você pode se conectar com membros ainda mais antigos da sua linhagem por meio da meditação, visualizando as suas ancestrais sentadas com você. Peça que se revelem e compartilhem as suas histórias. Adicione fotos de suas ancestrais ao altar e ore para elas.

Cada vez que você crescer, se curar, superar um medo ou resgatar uma parte de si, diga para as suas ancestrais que fez isso por elas, que vai curar a linhagem familiar pelas gerações que ainda estão por vir. Você pode visualizar a sua árvore genealógica e enviar melhoras, luz, perdão e amor por todos os ramos dela, curando e limpando toda dor e ferida ali.

Você estará então nutrindo as raízes de toda a sua árvore genealógica. Toda vez que se expressar por completo, manifestar-se, reivindicar aquilo do qual é digna, superar uma crença ou comportamento limitante, curar a si mesma ou for a responsável por fazer as coisas de modo diferente na sua família, você fará isso pelos seus ancestrais e pelos seus descendentes.

Ísis nos ajuda a lembrar de nossa linhagem e história ancestral; por isso, invoque-a se precisar de ajuda com isso. Quando começamos a nos comprometer com nossa cura, podemos curar a linhagem ancestral e nos desapegar de traumas e feridas herdadas e passadas por gerações. Você agora tem a chance de fazer esse trabalho por todas as mulheres que vieram antes de você, mas não puderam e não têm mais voz.

Cure o seu relacionamento consigo mesma

Tanto a ferida da bruxa quanto a da irmã trabalham para nos impedir de brilharmos forte demais, de acolhermos tudo o que somos e de expressarmos em totalidade nossa energia sagrada, então vamos fechar este capítulo analisando o relacionamento mais importante da sua vida: aquele que você tem consigo mesma. Esse é o relacionamento que define o tom de todos os outros em sua vida. Como você fala consigo mesma é uma indicação de como permitirá que os outros falem com você. O quanto você se ama é uma indicação do quanto permitirá que os outros a amem. Como exploramos no

Capítulo 2, os níveis de autoestima e valor próprio determinarão como você permitirá que os outros a tratem.

Se quiser amizades e relacionamentos profundos, verdadeiros e autênticos, então isso começará com você se expressando por completo. De outro modo, as pessoas conhecerão a versão sua que você acha que elas querem, e esses relacionamentos nunca terão profundidade nem significado real. Se quiser que os outros realmente a conheçam, precisa realmente se conhecer. Só quando começar a se ver e a se tratar como a Deusa que é, os outros passarão a ver e a tratar você dessa mesma maneira.

Espero que, conforme avança nessa jornada, já esteja se conhecendo e se amando muito mais. Sei que parece clichê, mas você tem mesmo que se tornar a sua melhor amiga, parceira, apoiadora e fã, e dar a si aquilo que busca nos outros.

Aprender a ter um relacionamento consigo mesma é uma das coisas mais poderosas e transformadoras que fará, e isso ainda aprofundará seu relacionamento com a Deusa. A sua alma veio aqui para ser unicamente você, para expressar o que só você pode expressar e oferecer ao mundo. Cada sonho, desejo, vontade e necessidade interior está aí porque faz parte do que é necessário no mundo, e só você pode dar vida a eles.

No entanto, a sociedade, o patriarcado e as feridas femininas arraigadas têm tentado nos ensinar que, de certo modo, não somos boas o bastante do jeito que somos. Fomos julgadas, humilhadas, escrutinadas e criticadas por décadas, sendo sempre demais, ou não o bastante: sensual demais, não sensual o bastante; quieta demais, barulhenta demais; grande demais, pequena demais. Dizem que devemos usar cera, lâminas e pinças, tentar estar à altura de padrões de beleza surreais e, sinceramente, irreais, para, de alguma forma, sentirmos que pertencemos. Mas, na verdade, tudo o que realmente é necessário é conhecer, aceitar, abraçar e amar todas as nossas partes por sermos quem somos.

Tudo o que você precisa ser é VOCÊ. Tudo que qualquer uma de nós e o mundo precisam é de você se expressando em sua totalidade. Não precisamos de uma versão sua diluída, censurada, reprimida. Precisamos da Deusa em você, o que começa com você se expressando por completo.

Comprometa-se consigo mesma

Esse compromisso é um passo muito importante para resgatar o relacionamento consigo mesma, pois tal ato simples lhe diz que você pode confiar em si mesma e que sabe que é uma Deusa digna de amor, tempo, carinho e atenção.

Com qual frequência você promete a si mesma que vai começar a meditar, a se exercitar ou a correr atrás de um sonho amanhã e, então, encontra desculpas como "Estou cansada, com fome, ocupada, [insira aqui a sua desculpa]. Vou tentar de novo amanhã"? Isso é uma forma de autoabandono e de autossabotagem, e, toda vez que faz isso, é como se dissesse a si mesma que você não vale a pena, que não importa e que não é confiável.

Imagine se uma amiga disser a você que vai encontrá-la para um café amanhã às 11h. Então, quando chega a hora, ela fala que lamenta, mas não poderá comparecer, pois está cansada demais, então remarca para o dia seguinte. O dia seguinte chega e, mais uma vez, há uma desculpa — desta vez, ela está ocupada demais, mas promete que aparecerá no próximo. Então, é outro dia... e outra desculpa. Por quanto tempo você deixaria isso continuar antes de parar de acreditar e de confiar nela?

Toda vez que você faz isso e não se compromete consigo mesma, você corrói sua confiança em si, impactando seus níveis de autoestima e seu relacionamento consigo mesma. É preciso tornar-se a sua própria melhor amiga e comprometer-se consigo mesma: lutar, se amparar e realmente se escolher todos os dias, fazendo com que você mesma e suas vontades, necessidades e desejos sejam uma prioridade.

É assim que as feridas da bruxa e da irmã serão curadas: conhecendo, amando e confiando em si mesma de uma forma mais profunda, sem precisar de tanta validação e aprovação externa e, portanto, sem se esconder, reprimir ou competir.

Ritual de resgate

Comprometa-se, esta semana, com uma coisa que aprofundará seu relacionamento consigo mesma. Pode ser um simples posicionar de mãos no coração todas as manhãs ou perguntar a si mesma como se sente e do que precisa. Pode ser dedicar-se a meia hora diária de autocuidado que você cumprirá independentemente do que ou de quem tente chamar a sua atenção. Pode ser definir limites claros em relação ao comportamento de alguém, pois sabe que é digna de algo melhor/diferente. Ou, ainda, fazer uma sessão diária de escrita reflexiva ou de meditação dedicada a despertar a bruxa interior ou a curar e a fortalecer laços de sororidade.

Ao se comprometer consigo mesma todos os dias, você começará a confiar em si o bastante para correr atrás de algo com bravura e ousadia ou para dar um passo em direção ao desconhecido, pois saberá que, não importa o que aconteça, poderá contar e confiar em si mesma para superar isso. Tudo a ajudará a se conhecer e a aprofundar o seu relacionamento consigo e, portanto, ser capaz de encarar e curar qualquer ferida da bruxa, da irmã ou da ancestral que a estagnaram e a fizeram se sentir pequena.

AFIRMAÇÕES PARA RESGATAR A BRUXA INTERIOR

❍ "Eu resgato os meus dons, poder e magia."
❍ "É seguro ser eu mesma por completo."
❍ "Eu não preciso mais me esconder para sobreviver."
❍ "Eu sou uma bruxa."
❍ "A sororidade é segura."
❍ "Eu vejo a Deusa em todas as outras mulheres."

Ao longo deste capítulo, você começou a reconhecer, descobrir e curar algumas das feridas mais profundas que impedem muitas mulheres de terem contato com a completude da Deusa dentro de nós e em todas as mulheres da nossa vida. Daremos uma olhada, agora, em como começar a resgatar a Deusa no dia a dia.

"Quando começar a devotar a vida à Deusa e a convidá-la para tudo o que você faz, sua vida mudará por completo."

Capítulo 5

RESGATE OS RITUAIS PARA A DEUSA

Nossa jornada agora nos leva a, muito provavelmente, uma das partes mais importantes do Caminho da Deusa. É aqui que você começará a colocar em prática muito do que aprendeu ao longo do caminho, e é aqui que você passará a conhecer a Deusa como a si mesma.

Uma das melhores maneiras de conhecê-la é por meio de rituais e de devoção, que trazem consigo um elemento sagrado e significativo para sua prática com a Deusa, ajudando-a a se conectar com o mundo interior e a fortalecer o seu relacionamento com a Deusa interna.

Rituais diários da Deusa

Muitas vezes, no decorrer da vida, esperamos pelo grande momento da transformação, quando pensamos que tudo vai mudar de repente, ou pelo momento em que encontramos nosso propósito elusivo em algum lugar, ou, ainda, buscamos por um despertar imenso, uma solução rápida ou intervenção mágica da Deusa. Na verdade, as maiores mudanças em nossa vida vêm daquilo que fazemos com constância, todos os dias. Se quiser mudanças e transformações duradouras, preste atenção no que você faz diariamente.

Não dá para dizer que quer confiar e acreditar em si mesma e, então, passar o dia todo se traindo e listando tudo o que faz errado. Não dá para dizer que quer uma conexão mais profunda consigo e com a Deusa e, então, passar o dia entorpecida e alheia. Não dá para dizer que quer saber qual é o seu propósito e, então, passar o dia todo fazendo coisas que não têm propósito algum e que não lhe trazem alegria. Não dá para dizer que quer algo ou que deseja ser alguém e, então, não fazer nada para conquistar isso.

É aí que você vai precisar de rituais diários que a ajudem a se dedicar e a se devotar ao que quer e a quem quer ser, tornando, assim, realidade o que você deseja. São nesses pontos de contato que você se conecta com a Deusa e com a sua alma, escutando sua sabedoria interior e cuidando de si mesma. São nesses pontos que mudanças maiores e duradouras passam a ser possíveis.

No Capítulo 1, falamos sobre criar não só um altar para a Deusa, mas também orações, escrita reflexiva e afirmações, o que, espero eu, você esteja fazendo e colhendo os benefícios. Agora, vamos descobrir mais rituais diários que você pode praticar e que a ajudarão a se conectar de maneira mais profunda com a Deusa, permitindo que ouça suas mensagens e incorpore sua sabedoria e energia. Seja realista em relação ao tempo que você tem para devotar à Deusa todos os dias e, então, certifique-se de se comprometer com isso como algo inegociável. Quanto mais se mostrar presente por ela, mais ela se fará presente na sua vida.

Escute a Deusa interior

A Deusa é sentimento, emoção, compreensão. Quanto mais você começar a ouvir seu mundo interior, mais vai escutar e conhecer a sua Deusa interior. Vamos explorar o poder das emoções e da intuição no Capítulo 8, mas, por ora, comece colocando as mãos no coração todas as manhãs, perguntando-se como se sente e, então, permitindo que tudo o que precisa estar presente realmente esteja presente.

Em certos dias, pode haver tristeza e, em outros, alegria, opressão, luto, gratidão, respostas ou, às vezes, até mesmo absolutamente nada. Apoie-se em si e em sua Deusa interior no que quer que estiver acontecendo e permita que isso flua por você.

Depois, pergunte-se do que precisa hoje e deixe as respostas chegarem. Em certos dias, talvez precise descansar, ou ficar em silêncio, ou se permitir fazer movimentos gentilmente, sem grandes expectativas. Em outros, talvez seja chamada a falar a sua verdade sobre algo, ou a definir um limite, ou ainda a se posicionar e fazer algo corajoso.

Ao prometer para a sua Deusa interior que vai cuidar de si mesma hoje, invoque uma Deusa maior ou qualquer Deusa com quem já esteja trabalhando, pedindo a ajuda, o apoio ou o direcionamento de que precisar, então sinta a energia dela surgir em seu coração.

Convide a luz da Deusa para a sua vida

Pegue uma vela e dedique-a à Deusa. Visualize a vela contendo a energia da força vital do sagrado feminino no universo. Todas as manhãs, leve a vela (apagada) ao coração e sinta a energia da Deusa. Então, quando estiver pronta, acenda-a com a intenção de convidar a luz da Deusa para o seu dia.

Enquanto acende a vela, pode dizer em voz alta: "Eu convido a luz da Deusa ao meu dia, para iluminar o caminho." Passe um momento observando a chama, a luz do feminino, e sinta a sua energia e poder.

Pode ser que também queira sussurrar para a chama seus desejos, esperanças, sonhos e tudo mais com que precisa de apoio e direcionamento. Ao soprar a vela, imagine-se entregando tudo isso à Deusa para que ela possa apoiar, iluminar e mostrar-lhe o caminho.

Devote o seu dia à Deusa

No início de cada dia, devote-se a ela. Você pode fazer isso depois de escutar a Deusa interior ou de acender a vela, como detalhado anteriormente. Peça que ela espalhe magia e orientação pela sua vida e que desperte a Deusa dentro de você. Peça que lhe mostre de que forma você pode servir ao mundo e se expressar como a Deusa que realmente é.

Então, devote-se a ela o dia todo. Devote todas as suas ações, palavras, emoções e pensamentos. Faça, em serviço e em devoção a ela, tudo o que você costuma fazer durante o dia, inclusive quaisquer desafios. Enxergue a Deusa em tudo, transforme a sua vida em uma oferenda ao sagrado feminino. Quanto mais fizer isso, mais despertará e integrará a energia da Deusa em si e naqueles ao seu redor. Quando começar a devotar a vida à Deusa e a convidá-la para tudo o que você faz, sua vida mudará por completo.

Experimente uma meditação em movimento

Enquanto o masculino é silêncio, estabilidade e disciplina, o feminino é criação, sentimento e fluxo. É por isso que, às vezes, as meditações que fazemos sentadas e paradas (apesar de valerem a pena) não funcionam tão bem para nos conectarmos com a Deusa, que, em sua essência, quer ser livre para se mover, tecer e criar. É por isso que meditações em movimento podem ser tão poderosas, ajudando-a a realmente sentir e expressar a energia da Deusa dentro de si.

1. Comece em pé, os pés um pouco mais afastados do que os quadris, suavize os joelhos, deixe os braços penderem nas laterais e feche os olhos com delicadeza. Tire um momento para apenas observar a energia se movendo dentro do corpo e como está se sentindo.
2. Comece a deixar a respiração mais profunda e reverberando por todo o corpo, ganhando consciência do mundo interior. Passe a sentir a energia da Deusa dentro de você. Talvez esteja trabalhando com Shakti — a energia da força vital do sagrado feminino, que conhecemos no Capítulo 1 — e movendo tudo isso por todo seu corpo, despertando a sua própria Shakti e Deusa interior; ou talvez você esteja trabalhando com uma Deusa ou arquétipo feminino específico cuja energia pode ser invocada.
3. Sinta a energia dela no seu corpo. Talvez haja um pouquinho de calor ou de movimento dentro de você, ou ainda uma palpitação, uma sensação de amor, de poder. Concentre-se nesse sentimento e permita que isso se torne um pouco maior e um pouco mais claro.
4. Quando realmente estiver sentindo a energia da Deusa em seu interior, comece a permitir que isso se mova por você. Ela talvez queira que você se balance gentilmente para começar, os movimentos ficando mais amplos e selvagens quanto mais a escuta e segue as suas orientações. Isso requer um pouco de prática, porque, no começo, pode acontecer de você se pegar, em sua cabeça, questionando se isso é certo ou aceitável, ou talvez tentando ser a responsável pelo movimento. Sempre que isso acontecer, retorne ao centro, respire fundo e encontre a energia dela novamente, antes de permitir que a Deusa volte a movê-la.

Enquanto aprende a permitir que a Deusa se entrelace, guie e mova você dessa maneira, também será assim que ela começará a guiar você pela vida, orientando-a em direção aonde sua alma quer levá-la. Aquele pequeno impulso interior que faz você balançar o corpo, bater o pé, dançar, sacudir e se mover pela sua sala de estar é a mesma energia direcionadora que começará a lhe mostrar em qual direção sua vida deve fluir.

Quando conseguir se render às orientações da Deusa e permitir que ela flua e integre a magia a você, sua vida nunca mais será a mesma.

Adore-se

Ao se adorar, você adora a Deusa, e começa a conhecer e a incorporar a energia do sagrado feminino dentro de você. Talvez signifique elogiar-se com frequência por coisas que fez bem ou sempre que fizer algo corajoso e superar uma crença limitante ou medo. Talvez seja olhar-se no espelho à noite e listar três coisas que fez bem no decorrer do dia.

Uma das minhas maneiras preferidas de se adorar e de adorar a Deusa é arranjar um hidratante corporal gostoso e, uma vez ao dia, passá-lo massageando por todas as partes do corpo, amando-se por completo. Ao fazer isso, sinta o toque da pele, a sensação do corpo. Diga a ele o quanto é lindo. Perca-se nas sensações, sinta o próprio corpo e se adore como a Deusa que é.

Veja-se

Posicione-se diante de um espelho, observe-se e, primeiro, note se algum julgamento ou dificuldade vem à tona. Seja bondosa e gentil, apoie-se nesses momentos. Caso se pegue criticando severamente partes da sua aparência, faça uma pausa, coloque as mãos no coração, respire fundo e se conecte com a Deusa interior e, então, recomece o processo quando se sentir pronta. Veja a imagem da Deusa sendo refletida e simplesmente repita: "Eu vejo você, eu vejo você, eu vejo você."

Então, comece a encarar com delicadeza seus olhos e permita que a visão se abrande e esmaeça. Passe a ver "além" do seu eu humano. Encarando os próprios olhos, conecte-se com o que está dentro de você — a essência da sua alma, Shakti, a Deusa. Permita que sua alma comece a ascender em seu interior e realmente passe um tempo se conectando com sua essência, a qual é muito maior do que seu corpo físico. Sinta o amor e a aceitação que vertem de seu interior enquanto se permite se ver pelos olhos da alma.

Quando ficar confortável com isso, pode começar a meditar em movimento diante do espelho. Dance para si, observando-se. Deixe a Deusa se mover por você e observe o quão forte, sensual, sexual, poderosa e selvagem ela é. Note como se sente, o que vê e como quer ser tocada. Isso pode até acabar se transformando em uma prática de autoprazer ou uma prática para despertar e testemunhar a Deusa em seu interior.

Agradeça à Deusa

Ao final de cada dia, reze para sua Deusa interior, agradecendo a pela orientação e sabedoria, e por sempre estar presente. Mostre sua gratidão por todas as maneiras como ela a acompanhou e a ajudou durante o dia. Peça que ela lhe mostre quaisquer coisas que você precisar ver ou saber ao final do dia.

Peça por quantas respostas, orientações ou ajuda forem necessárias e solicite que quaisquer problemas ocorridos durante o dia sejam resolvidos durante a noite, permitindo que sua alma trabalhe com você em seus sonhos. Sinta uma conexão bastante profunda com a Deusa e uma confiança enraizada de que tudo está acontecendo exatamente como deveria.

Passe um dia todo em ritual

Seria maravilhoso se você considerasse transformar um dia todo em um ritual em movimento: veja seu café da manhã como um ritual, coma seus alimentos como um ritual, considere estar em uma reunião como um ritual — como se houvesse um propósito divinamente orientado para que você estivesse naquela reunião naquele instante. Veja as conversas com as outras pessoas como um ritual e use sua voz como um ritual. Veja vestir-se como um ritual, movimentar-se como um ritual, tomar um banho como um ritual, caminhar como um ritual. Transforme o seu dia e tudo o que fizer em uma prática ritualística para se conectar com a Deusa dentro de você.

Aprofundando os seus rituais para a Deusa

Vamos ver agora alguns outros rituais que você pode praticar para ajudá-la a se desapegar de qualquer coisa que a esteja impedindo de se acolher por completo e de se tornar a Deusa que é. Enquanto volta a resgatar a Deusa, você começa a transformar sua vida toda em um ritual e uma oferenda, podendo criar muitos outros rituais próprios.

Ritual do luto

Ao longo da jornada pelo Caminho da Deusa, você talvez se depare com o surgimento do luto ao perceber de quanto da sua sabedoria e do seu poder feminino você abriu mão por nunca ter visto nem sido ensinada a respeito dessas informações.

Além disso, não sentimos luto o bastante durante a vida. Tendemos a reservá-lo para mortes, mas, na verdade, precisamos nos permitir ficar enlutadas por todas as perdas — como fins de relacionamentos, empregos e amizades, sonhos dos quais você nunca correu atrás e direções pelas quais nunca seguiu —, porque, de outra maneira, torna-se difícil demais nos desapegar dessas coisas e seguir em frente.

Pode ser difícil olhar para tudo isso, principalmente para aquilo que sentimos ter perdido. Mas, se não nos permitirmos enxergar a verdade e lamentar por essas coisas, elas permanecerão enterradas bem fundo, dentro do nosso corpo, afetando como nos expressamos no presente e no futuro. Ficamos presas às histórias e não aprendemos com as experiências de modo que possamos usar tudo isso para seguir em frente, em direção à Deusa que viemos ser.

É aqui que *descansos* podem vir a ser muitíssimo poderosos. Tirado do livro *Mulheres que correm com os lobos*, a obra da incrível Clarissa Pinkola Estés, ele é um ritual em que você se dá a chance de ficar de luto e lamentar por todas as mortes e perdas que enfrentou na vida, para que aprenda com elas, se desapegue e as deixe onde devem ficar: no passado.

Por meio desse potente ritual, você honrará todos os lugares e partes da vida em que sofreu alguma perda ou, ainda, quando uma parte sua morreu, além de oportunidades que sente ter perdido, vezes em que não honrou nem valorizou sua importância nem se amou, decepções e rejeições que vivenciou, mágoas e corações partidos, os caminhos que não percorreu, os sonhos que não perseguiu, a vida que pensou que teria... e tudo mais que se encaixe aqui.

Ritual de resgate

Aqui está o processo de "descansos" nas palavras de Clarissa:

"Gostaria de lhes apresentar o conceito dos *Descansos.* Se você alguma vez viajou pelo velho México, pelo Novo México, pelo sul do Colorado, pelo Arizona ou por certas partes do sul dos Estados Unidos, terá visto pequenas cruzes brancas perto da estrada. São os *descansos,* sepulturas. [...] Os *descansos* são símbolos que registram uma morte. Bem ali, exatamente naquele ponto, a jornada de alguém pela vida afora foi interrompida inesperadamente.

"[...] Antes de completarem vinte anos, as mulheres já morreram centenas de mortes. Elas iam numa direção ou noutra e foram impedidas de prosseguir. Elas tinham sonhos e esperanças que também foram cortados pela raiz. Qualquer uma que não concorde é porque ainda está dormindo. Todas essas mortes podem passar pelo processo dos *descansos.*

"Embora esses fatos aprofundem o sentido de individualidade, de diferenciação, de crescimento e expansão, de floração, de despertar e se manter alerta e consciente, eles também são tragédias profundas e assim devem ser pranteados.

"Criar *descansos* significa examinar sua vida e marcar os pontos em que ocorreram as pequenas mortes, *las muertes chiquitas,* e as grandes mortes, *las muertes grandotas.* Gosto de traçar uma linha cronológica da vida da mulher numa longa faixa de papel branco de açougue e assinalar com uma cruz ao longo dessa linha, desde sua tenra infância até o presente, os pontos em que morreram aspectos e partes do seu *self* e da sua vida.

"Assinalamos a ocasião em que se optou por não seguir por determinada estrada, caminhos que foram obstruídos, emboscadas, traições e mortes. Desenho uma pequena cruz na linha cronológica nos pontos que deveriam ter sido pranteados ou que ainda precisam sê-lo. Também escrevo 'esquecido' naqueles pontos que a mulher pressente, mas que ainda não vieram à tona. Também escrevo 'perdoado' acima dos fatos de que a mulher já praticamente se liberou.

"[...] *Descansos* é uma técnica consciente que se compadece dos mortos órfãos da psique e lhes presta homenagem, sepultando--os afinal.

"Seja boa para si mesma e crie *descansos*, sepulturas para aqueles seus aspectos que estavam a caminho de algum lugar, mas que nunca chegaram. *Descansos* assinalam os locais das mortes, os tempos sombrios, mas eles também são cartas de amor ao seu sofrimento. Eles são transformadores. Há muitas vantagens em prender certas coisas à terra para que elas não saiam nos perseguindo. Há muitas vantagens em sepultá-las."

Espero que, depois de completar essa prática poderosa, você consiga enterrar certas situações e deixá-las para trás, no passado, e aprender com base nessas experiências passadas a como fazer as coisas de maneira diferente daqui para a frente.

INVOQUE A DEUSA

Cerridwen é a Deusa a ser chamada quando você precisar de ajuda em um momento de luto e desapego. Por ter, ela mesma, vivenciado dor, perda e luto profundos, é capaz de nos abraçar e reconfortar enquanto passamos pela mesma experiência. Parte da história dela nos mostra que, do outro lado do luto e da cura, há esperança e novos começos.

Ela é a guardiã do caldeirão do conhecimento, da transformação e da mudança, então visualize-se colocando todo o seu luto e dor no caldeirão de Cerridwen para que possa encontrar todo o aprendizado e cura, transmutando isso em um renascimento.

Ritual de perdão

De maneira parecida ao luto, guardar ressentimentos, raivas e dores do passado causa apenas mais dor e mantém você presa em um ciclo sem fim de repetição das mesmas histórias e mesmos padrões. É aqui que rituais de perdão podem ser muitíssimo poderosos, tanto para você quanto para os outros.

Lembre-se de que perdoar não significa dizer que "tudo bem" ou que "não há problema com o que outra pessoa fez". Significa dizer que não está mais disposta a carregar isso por aí nem a permitir que isso afete tanto você quanto a sua vida, impedindo-a de vivenciar a totalidade da Deusa.

Rituais de resgate

Perdoando a si mesma

Uma coisa que nos mantém presas à falta de autoestima e desconectadas de nossa energia da Deusa é uma punição frequente pelo que fizemos errado ou não acertamos por completo no passado. Isso às vezes até pode nos manter em uma espiral de culpa, o que nos faz duvidar do próprio valor, acreditar que não merecemos coisas boas/qualquer coisa melhor e cair em autocrítica e autossabotagem, não sendo capaz de seguir em frente com a vida. Perdoar-se significa entender que o passado não pode ser mudado. Significa aprender com os erros e saber que fez o melhor que podia com tudo o que sabia na época.

Comece reconhecendo e aceitando o que você fez e o motivo. Seja sincera de verdade. Compreender os motivos de ter feito o que fez ajuda você a compreender a si própria em um nível muito mais profundo, tanto quanto a razão pela qual o que aconteceu acabou acontecendo. Então, concentre-se no que aprendeu com a situação, em como poderia ter feito as coisas de forma diferente e em como as fará no futuro, sabendo o que sabe agora. Abrace-se, envolva os braços ao redor do corpo e diga: "Eu perdoo você." Encare-se bem fundo nos olhos no espelho e diga em voz alta: "Eu perdoo você."

Saiba que, se você aprendeu com o passado e se comprometeu em fazer mudanças e em agir diferente no futuro, não precisa continuar se culpando por isso. Você merece o seu perdão; então liberte-se e siga em frente.

Perdoando os outros

Crie uma lista de todas as pessoas que fizeram algo contra você ao longo da vida, então, uma de cada vez, ligue para elas mentalmente e diga: "Eu perdoo você." Sinta o perdão no seu coração e veja as pessoas se dissolverem/afastarem enquanto as liberta da sua vida.

INVOQUE A DEUSA

Rhiannon é a Deusa a ser chamada quando precisar de ajuda com o perdão. Uma Deusa celta da cura, transformação e renascimento, Rhiannon também foi injustiçada e, hoje, nos ensina o poder curador do perdão.

Rhiannon nos mostra como permanecer firmes e corajosas em tempos difíceis e aponta que o caminho para a soberania e a liberdade se dá pelo perdão, e é isso que permitirá que você recomece nos seus próprios termos.

Ritual da gratidão

Faça uma cerimônia de gratidão por tudo que aconteceu antes de você e por tudo que aconteceu na sua vida, pois foi isso o que a trouxe até aqui, neste momento, no qual você tem o poder de fazer uma mudança. A gratidão é um dos remédios mais poderosos e transformadores que existem.

Faça uma lista com todas as pessoas, experiências, lições, os bons e maus momentos e tudo que aconteceu em sua vida, pelo que pode ser grata. Analise cada item da lista, um a um, e agradeça a eles pelo que a ensinaram e por como a fizeram ser quem é.

Ritual de aniversário

Celebre-se no seu dia especial ao escrever uma carta para seu eu do ano passado. Escreva a respeito de todas as lições que aprendeu, dos desafios que enfrentou, do crescimento que passou e pelo que é mais grata. Depois faça uma carta para o seu eu do ano seguinte, contando-lhe todas as suas esperanças, desejos e sonhos, todas as maneiras em que a apoiará e tudo que quer criar e trazer à vida por meio dela. Pode até deixar a carta de lado por ora e enviá-la pelo correio para que a receba no dia do seu aniversário no ano que vem — ou agende um e-mail para ser entregue no seu dia especial.

Rituais para ritos de passagem

Talvez você também queira considerar rituais para cada ponto de virada na vida de uma mulher (estes serão abordados no Capítulo 11), como, por exemplo, um ritual de menarca para quando uma menina menstrua pela primeira vez, uma cerimônia para abençoar o caminho de mulheres que estão prestes a ser mães ou para celebrar a menopausa.

AFIRMAÇÕES PARA RESGATAR RITUAIS PARA A DEUSA

- "O que eu faço todos os dias importa."
- "Eu devoto os meus dias à Deusa."
- "Eu me dedico ao que quero e a quem eu quero ser."
- "Eu escuto o meu mundo interior."
- "Eu permito que a Deusa flua e me use para exercer sua magia."
- "Eu dedico a minha vida inteira a ser um ritual e uma oferenda."

Agora, você está começando a convidar a Deusa para a sua vida, permitindo que caminhe ao seu lado e exerça sua magia por intermédio de você. A partir de então, faça da sua vida uma oferenda à Deusa e verá grandes mudanças. Veremos, no próximo capítulo, como resgatar a sua energia para que você possa sentir a energia da Deusa com muito mais facilidade.

"Ao resgatar e refinar a sua energia, você se torna capaz de acessar sua intuição, sabedoria e conhecimento interiores, assim como a Deusa interior, com muito mais facilidade."

Capítulo 6

RESGATE A SUA ENERGIA

Nossa jornada pelo Caminho da Deusa agora vai nos levar à etapa em que mostrarei a você como resgatar a sua energia. Tudo é energia: você, seus pensamentos, palavras, emoções e tudo e todos ao redor.

Quando a energia está bloqueada, é possível que você se sinta estagnada na vida, como se estivesse renunciando ao próprio poder, repetindo padrões, revivendo as mesmas emoções, preocupações, medos e comportamentos diversas vezes, sentindo-se desconectada de si e da vida, perdida, à deriva e sozinha.

Pode ser que se sinta sempre cansada e exausta, que tenha dificuldade para definir limites, como se estivesse sendo puxada ao passado, suprimindo os sentimentos e a sua expressão autêntica, perdendo a motivação e a criatividade, ou se reprimindo, como se não tivesse nada para oferecer ao mundo.

Quando você mantém a energia limpa, equilibrada e protegida, ela começa a fluir de maneira muito mais natural, sendo possível acessar, sentir e conhecer a própria intuição, sabedoria e conhecimentos internos, assim como a sua Deusa interior e todos os arquétipos, tanto da Deusa quanto femininos, com muito mais facilidade.

Vamos dar uma olhada em como podemos começar a trabalhar de maneira consciente com a energia e a chamar as Deusas para nos ajudarem a limpar, curar, equilibrar e alinhá-la.

Os chacras: despertando os seus centros de energia

Os chacras são centros de energia no corpo por meio dos quais a Deusa ou a energia vital flui. Cada um corresponde a um aspecto físico, emocional, fisiológico e espiritual do seu bem-estar. A palavra vem do sânscrito e pode ser traduzida como "roda". Assim, como o nome sugere, os chacras são vórtices energéticos que constantemente recebem, processam e redistribuem informações e energias dos mundos interno e externo a você.

Quando os chacras estão balanceados e em harmonia, a energia da Deusa flui livremente pelo corpo. No entanto, por conta de questões como escolhas de estilo de vida, experiências passadas, emoções suprimidas, oposição ao fluxo da vida e estresse constante, os chacras podem ficar bloqueados, estagnados ou hiperativos, impedindo que a energia da força vital feminina flua livremente por você. É aqui que você pode convidar o poder de alguma Deusa para ajudá-la a realinhar os centros energéticos e levá-la de volta a um lugar de equilíbrio, autoconhecimento e presença.

Dê uma olhada na lista a seguir e veja se algum desses centros de energia se destaca para você, ou se alguma dessas Deusas chama a sua atenção. Você também pode fechar os olhos e visualizar um chacra por vez, verificando quaisquer sinais de desequilíbrio. Tal método exige paciência e prática, mas, com o passar do tempo, conforme for se conectando mais e mais consigo mesma e sua energia, você passará a ter uma noção interior de onde há desalinhamento e do que é preciso fazer para o reequilíbrio.

Chacra raiz ou Muladhara

Localização: base da coluna
Cor: vermelho
Elemento: terra
Energia: eu sou/eu estou

O chacra básico é responsável por fazer com que você se sinta segura, protegida e em casa consigo mesma e com o mundo ao seu redor. Ele governa as necessidades básicas de sobrevivência e a conecta com a terra e com a habilidade de se manter firme e confiante em relação a quem você é.

Quando desequilibrado, você pode vivenciar baixa autoestima ou comportamentos de autossabotagem. Pode ser que fique carente ou insegura, ou ter sentimentos frequentes de ansiedade, incerteza e abandono. Também pode vivenciar inconstância e isolamento ou, no outro extremo, estagnação nas atitudes e medo de fazer mudanças na vida.

INVOQUE A DEUSA

Chame **Gaia** para equilibrar o seu chacra raiz. Gaia é a Deusa grega da Terra e a mãe ancestral de toda vida. Quando estiver se sentindo sobrecarregada, ansiosa ou desconectada de si, saia, procure a natureza e deite-se na terra. Invoque Gaia e sinta a grande mãe abraçando, apoiando e nutrindo você. Ou tente ficar descalça na grama e imagine que está criando raízes até bem fundo na terra, sentindo enquanto Gaia a ancora em segurança. Entregue à Deusa quaisquer preocupações, estresses ou problemas, e sinta-a levá-los para dentro da terra para serem transmutados. Então, visualize-se sorvendo equilíbrio e proteção da terra para o seu corpo.

Sabedoria da Deusa para o seu chacra raiz

Use a afirmação "eu sou/eu estou" todos os dias. Posicione-se com os pés enraizados na terra (fora de casa, se puder) e repita: "Eu estou segura e me sinto em casa comigo mesma." Ou, se estiver trabalhando na autoestima e em se manter firme no senso de identidade, diga o seu nome — "Eu sou Kirsty Gallagher" — e realmente se permita sentir e reconhecer a presença de quem você é. Toda vez que se sentir sobrecarregada ou ansiosa, repita: "Eu estou segura, eu estou segura, eu estou segura." Sinta a energia de Gaia abraçando e amparando você.

Afirmação da Deusa: "Eu permito que o equilíbrio, o cuidado e a segurança da Mãe Gaia fluam por mim."

Chacra sacral ou Svadhisthana

Localização: parte inferior do abdômen
Cor: laranja
Elemento: água
Energia: eu sinto

O chacra sacral é o lar da energia emocional, criativa e sexual. É responsável por ajudá-la a se manter no ritmo feminino da vida e expressar vontades e desejos. Ele governa o prazer, o desejo, a fertilidade e a habilidade de desfrutar da vida em sua totalidade.

Quando desequilibrado, você pode ter dificuldades para se conectar e confiar nas emoções, além de perceber que tem reações emocionais intensas com frequência. Expressar vontades e desejos será difícil, assim como confiar no ritmo da vida e se conectar com o sagrado feminino. Pode, ainda, haver problemas com prazer, intimidade e sexo, exagerando ou ignorando-os por completo.

INVOQUE A DEUSA

Invoque **Oxum** para equilibrar o chacra sacral. Ela é uma Deusa iorubá da água que representa a feminilidade, a fertilidade e a sensualidade; está associada com a água fresca e corrente. Oxum nos ensina a fluir e a abraçar a sensualidade, o prazer e a prosperidade. Chame Oxum e imagine a água sagrada dela fluindo por você, limpando e liberando quaisquer obstáculos, despertando a sua criatividade e sensualidade interiores.

Sabedoria da Deusa para o seu chacra sacral

Verifique, ao começo de cada dia, como está se sentindo. Coloque a mão sobre o chacra sacral, respire fundo algumas vezes e, então, diga "Eu sinto...", expressando o que sente. Em alguns dias, será "Eu não sinto nada" e, em outros, você pode se sentir triste, ansiosa, plena ou grata. Comece a praticar a sintonia com o seu mundo emocional e com o que está sentindo. Você pode incrementar a prática permitindo que as emoções se movam pelo seu corpo. Como a tristeza se moveria? Você balançaria com delicadeza o corpo de um lado ao outro? A raiva bateria o pé, a alegria dançaria subindo e descendo? Permita-se expressar o que sente (exploraremos mais disso no Capítulo 8).

Afirmação da Deusa: "Eu permito que a sensualidade, o prazer e a criatividade de Oxum fluam por mim."

Chacra do plexo solar ou Manipura

Localização: no plexo solar (entre a caixa torácica e o umbigo)
Cor: amarelo ou dourado
Elemento: fogo
Energia: eu posso

O plexo solar é o lugar do poder pessoal, da individualidade, da coragem e da autoconfiança, a partir do qual você manifesta os seus desejos. Ele governa o senso de identidade e a habilidade de brilhar e de confiar em si mesma para ir atrás do que quer.

Quando desequilibrado, você provavelmente se sentirá impotente, como se não tivesse controle da própria vida, talvez ainda sempre se sentindo vítima e como se nada de bom jamais acontecesse para você. Pode enfrentar dificuldades para se impor, acreditar em si mesma e tomar alguma atitude pelos seus sonhos. É dominada pela falta de autoconfiança e muita dúvida a seu próprio respeito.

INVOQUE A DEUSA

Invoque **Durga** para equilibrar o chacra do plexo solar. Conhecemos essa poderosa Deusa hindu no Capítulo 1 e agora a chamamos de novo para ajudar você a se manter firme em seu poder, saber quem é e deixar a sua luz interior brilhar. Faça uma pose de poder (pés separados na linha dos quadris, mãos nos quadris, peito estufado, ombros para trás e queixo erguido) e sinta a força e o poder de Durga a percorrendo. Pode, ainda, visualizá-la soltando um rugido com todo o seu poder dentro de você e senti-lo vibrar por todo seu plexo solar.

Sabedoria da Deusa para o seu chacra do plexo solar

Com a ajuda de Durga, faça uma coisa por dia que a desafie e que a ajude a assumir o controle da própria vida e destino. Talvez seja trabalhar para mudar um hábito ou crença limitante, sair da zona de conforto, definir um limite, tomar uma decisão ou se impor. Diga a si mesma com frequência que você é capaz de fazer algo — e acredite em mim quando eu digo que você é.

Afirmação da Deusa: "Eu permito que a força e o poder de Durga fluam por mim."

Chacra cardíaco ou Anahata

Localização: no coração
Cor: rosa ou verde
Elemento: ar
Energia: eu amo

O chacra cardíaco está relacionado a todas as questões do amor, tanto quanto a dá-lo como a recebê-lo. Não tem relação apenas com o amor dos outros, mas com o amor-próprio e o relacionamento consigo mesma. Ele governa a compaixão, a confiança, a presença e a paz interiores, assim como os relacionamentos.

Quando desequilibrado, você pode ter dificuldades para dar e receber amor, tanto dos outros quanto de si mesma. Geralmente há falta de amor-próprio e de autocuidado, e o sentimento de solidão ou de ser alguém impossível de se amar é frequente. Pode, ainda, haver grande medo da rejeição, fazendo com que você feche ainda mais o coração. Talvez enfrente dificuldades para confiar em si mesma e nos outros, além de ter limites emocionais fracos.

INVOQUE A DEUSA

Invoque **Afrodite** para equilibrar o chacra cardíaco. Como a Deusa do amor, da beleza e do prazer, Afrodite começará ensinando-a a se amar, já que é só com base nisso que você será capaz de amar outra pessoa. Primeiro, abra o próprio coração à Afrodite, permitindo que ela entre, então sinta as energias dela a infundirem e comece a se curar e a abrir o coração. Quando estiver com dificuldades em relação a amor, rejeição ou autocuidado, coloque as mãos no coração e sinta Afrodite preenchendo-a com sua presença, amor e força.

Sabedoria da Deusa para o seu chacra cardíaco

Crie um ritual diário de autocuidado que você possa devotar a Afrodite. Pode ser uma rotina de cuidados com a pele, de meditação, de banhos no fim do dia, de caminhadas pela natureza ou de quaisquer coisas que, para você, indiquem autocuidado. Reserve tal horário como algo sagrado, como tempo sendo gasto em devoção a Afrodite, para que, assim, ela possa lhe mostrar como você pode honrar a si mesma sendo a Deusa que é.

Afirmação da Deusa: "Eu permito que o amor e a cura de Afrodite fluam por mim."

Chacra laríngeo ou Vishuddha

Localização: na garganta
Cor: azul-celeste
Elemento: som ou espaço
Energia: eu falo

O chacra laríngeo é como você expressa seu jeito único ao mundo. Ele dá voz ao coração, vontades, necessidades e desejos, assim como à verdade interior. Governa a comunicação e a expressão. É a partir da garganta que você dá vida para a sua verdade e cria a sua realidade com as próprias palavras, então comece a usá-las com sabedoria.

Quando desequilibrado, você talvez enfrente dificuldades para se comunicar com clareza e tenha problemas para encontrar as palavras certas ou comunicar o que realmente deseja. Talvez tema falar a sua verdade e se posicionar, principalmente em contextos públicos. Por outro lado, pode ser que acabe pegando a si mesma fofocando com frequência, contando mentiras banais ou dizendo palavras pouco gentis.

INVOQUE A DEUSA

Maat, a Deusa egípcia da sabedoria, verdade e ordem cósmica, pode ser invocada para equilibrar o chacra laríngeo. Toque a garganta e chame Maat quando estiver com dificuldade para encontrar as palavras certas, posicionar-se ou expressar as suas necessidades. Então, sinta a energia dela limpar e abrir sua garganta para que possa falar sua verdade interior.

Sabedoria da Deusa para o seu chacra laríngeo

Encontre uma mistura cheirosa de óleos essenciais (olíbano, hortelã ou cipreste são bons para isso) e besunte a sua garganta todos os dias. Ao pingar uma gota de óleo no local, chame Maat e diga em voz alta "É seguro dizer a minha verdade. Eu expresso o meu eu verdadeiro com facilidade", ou quaisquer outras palavras que ressoem com você em relação a curar e a abrir a garganta. Você pode se comprometer a falar apenas a verdade por uma semana ou a expressar o que você precisa, mesmo quando sentir medo.

Afirmação da Deusa: "Eu permito que a verdade e a sabedoria de Maat fluam por mim."

Chacra frontal ou Ajna

Localização: logo acima das sobrancelhas e entre elas
Cor: índigo ou roxo
Elemento: luz
Energia: eu vejo

O chacra frontal conecta você à sua intuição e sabedoria. É geralmente referido como o "olho da alma" ou "terceiro olho", pois nos ajuda a enxergar o que não pode ser visto com os olhos físicos, mas o que é sabido. Ele governa a inspiração, a visualização e a habilidade de escolhermos nossos pensamentos.

Quando desequilibrado, pode fazer com que você tenha dificuldades para conseguir ouvir ou confiar na própria intuição ou em quaisquer coisas que não possam ser explicadas por meio da lógica. Talvez sofra com a falta de autoconhecimento, incapaz de confiar em si e em sua sabedoria interior. Pode ser que também acabe notando que está pensando demais ou presa ao ego e em ser uma sabe-tudo.

INVOQUE A DEUSA

Invoque **Hécate** para equilibrar o chacra frontal. Hécate é capaz de enxergar o passado, o presente e o futuro, tudo de uma só vez, e, por isso, tudo vê e tudo sabe. Quando estiver duvidando da sua intuição e sabedoria interior, incapaz de ver um caminho adiante, chame Hécate. Visualize-a tocando o seu terceiro olho com um dos dedos, abrindo a sua visão espiritual.

Sabedoria da Deusa para o seu chacra frontal

Medite com foco no terceiro olho por alguns momentos todos os dias. Chame a Deusa para ajudá-la no que for necessário e para saber o que for preciso. Preste atenção em quaisquer vislumbres, epifanias ou percepções que surgirem durante esse intervalo ou pelo resto do dia. Comprometa-se a seguir quaisquer cutucões intuitivos que receber.

Afirmação da Deusa: "Eu permito que a visão espiritual de Hécate, que tudo vê, flua por mim."

Chacra coronário ou Sahasrara

Localização: no topo da cabeça
Cor: violeta ou branco
Elemento: espírito
Energia: eu sei

O chacra coronário a conecta ao reino espiritual e a ajuda a receber sabedoria e orientação da consciência cósmica, do universo ou do divino. Ele governa a consciência elevada, o propósito de vida, a espiritualidade e a conexão a toda e qualquer forma de vida.

Quando desequilibrado, você vai, com muita frequência, ter dificuldades para encontrar um sentido na vida, ou ainda começar a sentir como se não tivesse propósito ou papel a exercer. Pode, ainda, tornar-se cética, intolerante ou se sentir muito sozinha. Talvez sinta como se a vida estivesse contra você, além de notar que perde a fé ou a esperança com frequência.

INVOQUE A DEUSA

Invoque a própria Deusa divina, **Shakti**, fonte de toda a energia das Deusas, para equilibrar o chacra coronário. Sinta a energia dela fluir por você, ajudando-a a reequilibrar o chacra em questão. Enquanto se conecta com o sagrado feminino e desperta a energia da Deusa dentro de você, comece a acessar sua verdadeira fonte interior de poder, assim como a energia da força vital do universo que flui por tudo.

Sabedoria da Deusa para o seu chacra coronário

Conecte-se com sua Deusa interior todos os dias. Vimos maneiras de fazer isso no Capítulo 5. Enquanto começa a despertar a própria energia do sagrado feminino e a se abrir para acessar um mundo novo de poder, potencial e propósito, você também começa a conhecer e a viver como a personificação da Deusa e de tudo o que você veio aqui para ser.

Afirmação da Deusa: "Eu permito que a energia divina da Deusa flua por mim."

Equilibrando as energias masculinas e femininas

Todos temos uma mistura de energias masculina e feminina dentro de nós. A energia masculina nos ajuda a fazer, a conquistar e a planejar. Ela é protetora, lógica, nos auxilia a ir do ponto A ao B e nos provê raciocínio, força de vontade e foco. A energia feminina nos ajuda a fluir, a receber e a sentir. É intuitiva, criativa, nos auxilia a confiar no ritmo das coisas e nos provê receptividade, expressão e manifestação.

Idealmente, como mulheres, queremos viver com cerca de 80% de energia feminina para estarmos conectadas com nossa intuição, sentimentos e ritmo, e com cerca de 20% de energia masculina, a qual podemos usar como ajuda para nos motivar, tomar atitudes, definir limites e nos posicionar quando preciso.

Quando nossas energias masculina e feminina entram em desequilíbrio e uma se torna muito mais dominante do que a outra, começamos a nos sentir desalinhadas, esgotadas, exaustas, estagnadas, perdidas ou desconectadas, para nomear algumas sensações. Em resumo, vamos nos sentir "estranhas" e, quanto mais aprendermos a sentir e a fluir nessas energias interiores, mais rápido saberemos qual está desequilibrada e precisa de mais atenção.

Quando há energia feminina demais

Quando se tem energia feminina demais, a tendência é sacrificar-se, abandonar-se e voltar a querer agradar todo mundo, colocando as necessidades do próximo acima das suas. Você talvez sinta dificuldade para tomar decisões, duvide de si mesma a cada escolha que precise fazer e enfrente dificuldades para avançar na vida, ser produtiva ou tirar as coisas do papel. Ou talvez se perca nas emoções, incapaz de raciocinar sobre elas, ou ainda se pegue guardando tudo e, então, sofrendo com explosões emocionais. Há uma tendência a se sentir insegura na vida e a se tornar codependente, incapaz de fazer as coisas sozinhas.

Como chamar mais energia masculina para si

Faça um plano: talvez uma simples lista de afazeres diários ou algo para o fim de semana ou para o mês seguinte. Talvez você também queira passar um tempinho dando uma olhada no que deseja para a sua vida a longo prazo e planejar isso tudo, analisando como chegar lá.

Defina limites: principalmente em relação ao seu tempo e energia, reservando mais tempo e espaço para você. Veja tais limites como uma maneira de assumir um papel protetor e cuidadoso consigo e suas necessidades. (Revisite o Capítulo 3 para saber mais sobre resgatar limites.)

Tome uma atitude: em vez de apenas pensar em fazer algo (ou pensar demais em todas as opções diferentes e acabar não fazendo nada), tome uma atitude. Faça apenas uma coisa, dê apenas um passo, faça uma coisa acontecer, e isso resultará em mais confiança e motivação para continuar.

Crie uma rotina: apesar de o feminino dizer respeito ao fluxo, o fato de fluirmos demais pode nos deixar sentindo desancoradas e sem direção. É aqui que uma rotina pode nos dar a sensação de estrutura, base e segurança. Pode ser uma rotina simples pela manhã ou pela noite que, todos os dias, faça você manter os pés no chão.

INVOQUE A DEUSA

Invoque **Atena** quando precisar de mais força, poder e coragem. Atena é a Deusa grega da guerra e da sabedoria. Conhecida por suas estratégias, invenções e vitórias, é um símbolo do empoderamento feminino. Chame Atena quando precisar de disciplina ou foco, força e proteção, ou ainda quando for preciso lutar por si mesma ou por algo que quer. Visualize-a posicionada ao seu lado, pronta para ir à batalha, compartilhando coragem ou, talvez, sabedoria e ajudando-a a planejar e a traçar estratégias para o caminho adiante.

Quando há energia masculina demais

Quando se tem energia masculina demais, a tendência é ficar estagnada na agitação do dia a dia, sempre ligada, fazendo alguma coisa, pressionando-se e correndo atrás de objetivos. Você pode até desligar as emoções, sendo incapaz de lidar com elas, e começar a questionar e a duvidar da própria intuição, precisando de provas ou de explicações lógicas para tudo. Talvez comece a ser exageradamente competitiva, colocando expectativas altíssimas nas próprias costas e se pressionando demais, nunca se permitindo tempo livre nem espaço para descansar e desligar.

É provável que você se torne controladora e hiperindependente, sentindo como se tivesse que cuidar de tudo sozinha e tendo dificuldades para pedir ajuda ou apoio. Esse é um problema comum entre mulheres solteiras/mães ou donas de negócios e empreendedoras, pois precisam cuidar de tudo, e a responsabilidade acaba pesando. Ter energia masculina demais o tempo todo é exaustivo, levando a um burnout e a uma sensação de estar sobrecarregada e isolada.

Apesar de isso resultar da manifestação excessiva de energia masculina, parte de ser capaz de se render ao feminino outra vez seria conscientemente pedir para que o sagrado masculino venha à tona e cuide de você por um tempinho para que possa se render à delicadeza do feminino por um momento.

Permita-se ser envolvida por uma energia maior — chame-a de Deus, ou de universo, ou do nome pelo qual preferir — para que não precise fazer tudo sozinha. Entregue aquilo com que estiver tendo dificuldades para uma fonte superior de poder, sinta que está sendo apoiada e abraçada por algo maior. Ao saber que está sendo cuidada, você passa então a ter espaço para chamar mais da sua energia feminina para o seu interior.

Como chamar mais energia feminina para dentro de você

Passe mais tempo "sendo": enquanto o masculino representa a energia do "fazer", o feminino representa a do "ser", então separe um tempo para apenas "ser". Talvez seja passando um tempo na natureza sem celular, um dia sem cronograma ou planos muito restritos, fazendo o que você sentir vontade a cada momento, ou um tempo para simplesmente se desligar, descansar e receber.

Permita-se receber: pode ser ganhar aquele impulso intuitivo que quer há tempo ser notado quando você fica em silêncio e parada o bastante para ouvi-lo, ou receber as recompensas do trabalho e desfrutar dos resultados do que anda criando. Também se certifique de aceitar ajuda dos outros quando precisar. Observe se isso é algo difícil para você, pois pode ser um sinal de que está estagnada no masculino, então comprometa-se ainda mais a pedir pelo que precisa.

Passe um tempo na natureza: a natureza tem uma abundância de energia de força vital feminina, então vá até ela quando precisar se reconectar. Fique descalça na terra, deite-se na grama, nade no mar ou abrace uma árvore. Todas essas coisas a ajudarão a se reconectar com as energias da força vital feminina e com a Deusa interior.

Crie, mova-se e flua: a Deusa não fica estática nem é fixa; ela está viva, ziguezagueando, movendo-se, fluindo. Então, se estiver presa a uma mesa, ou em sua própria cabeça ou ainda em um estado de "fazer" por muito tempo, mexa-se. Balance, dance, mova, expresse e deixe a força vital feminina percorrer seu corpo e fluir por você. Também é possível tentar escrever ou pintar, ou qualquer coisa que a tire da sua cabeça e a leve ao corpo.

INVOQUE A DEUSA

Sarasvati é a Deusa hindu da sabedoria, conhecimento, fala, aprendizado, criatividade e do fluir livre da consciência. Pode ser invocada quando você precisar de mais intuição, ritmo, expressão e sabedoria feminina. O seu nome significa "fluxo", "fluido" ou "aquela que possui água", então invoque-a e sinta as águas femininas e criativas dela fluírem por você. Sinta-a limpar sua mente da agitação e das dificuldades; sinta-a abrir seu coração para receber e sentir; permita que a energia sagrada e feminina dela se mova e flua por você, despertando a criatividade, a intuição e a própria sabedoria interior. Permita que a Shakti de Sarasvati mostre a você como despertar a sua.

Cortando laços energéticos

Laços energéticos são cordões invisíveis de energia que conectam você a lugares, pessoas e até coisas. São criados por conexões ou reações emocionais e permitem que a energia flua entre você e a outra pessoa.

Apesar de não serem necessariamente algo ruim (pense no vínculo entre mãe e filhos), os laços podem esgotá-la de sua energia e mantê-la presa ao passado, impedindo-a de seguir em frente.

Se não consegue superar um ex, pega-se sempre pensando ou falando sobre alguém de maneira negativa ou obsessiva, sente-se estagnada e incapaz de tomar decisões com relação ao futuro ou encontra-se remoendo emoções profundas e inexplicáveis, talvez esteja na hora de cortar alguns laços.

Cortar laços nos ajuda a deixar o passado no passado e a retomar nossa energia e poder de onde quer que estejam sendo drenados. Isso nos garante autonomia sobre nossa energia e nos ajuda a libertar quaisquer coisas das quais não precisamos mais em nossa vida.

Não é só com o passado que precisamos cortar laços; às vezes também precisamos cortar laços com os relacionamentos atuais, para manter a energia limpa e fluindo. Cortar laços com alguém não significa cortar a pessoa da sua vida de uma vez por todas, e sim limpar a energia entre vocês, quase como um recomeço.

INVOQUE A DEUSA

Invoque **Kali** para ajudá-la a cortar laços energéticos. Deusa hindu do tempo, vida, morte, criação e destruição, Kali ajuda você a liberar apegos, retomar o poder e transformar sua vida.

Sente-se em silêncio, feche os olhos e respire profunda e lentamente algumas vezes. Chame a energia de Kali e peça-lhe ajuda para remover os laços que a impedem de avançar, que a mantêm estagnada e reprimida. Kali é destemida, então pode ser que sinta a presença dela de maneira enfática.

Você talvez saiba com quem quer cortar laços ou simplesmente esteja aberta a tudo que Kali quiser lhe mostrar. Se souber a pessoa ou a situação, mantenha-os em mente. Então, perceba em seu corpo onde tal laço está — talvez no coração ou em algum outro lugar, como no ombro esquerdo ou quadril; confie no que surgir para você. Agradeça as lições à pessoa ou à coisa de onde os laços vieram, mas avise-os de que não vai precisar mais deles e que não está mais disposta a carregar essa energia.

Quando corto laços, prefiro não visualizar um corte, e sim um desatar. Então, visualize-se desatando ou soltando o cordão do seu corpo e entregando-o a Kali. Sinta-a levando-o de volta à origem ou destruindo-o e transmutando sua energia, libertando tudo de uma vez. Faça isso quantas vezes for necessário e, ao final, certifique-se de agradecer a Kali pela ajuda. Você pode passar mais um tempinho com ela, permitindo que lhe conceda quaisquer sabedorias ou energia que ela desejar.

Limpando a sua energia

Você também pode trabalhar com a sua aura para limpar a energia todos os dias e manter a sua energia de Deusa alinhada e fluindo, principalmente se sentir que tem absorvido a energia dos outros ou entregado a sua para eles.

A sua aura

A aura é um campo energético que sempre nos rodeia, refletindo emoções, pensamentos, desejos, identidade e muito mais. Ela é o primeiro ponto de contato com o mundo, e geralmente são as auras que captamos quando estamos com os outros. Sabe como você simplesmente tem certeza de que alguém não está bem sem que precisem dizer algo? Ou como fica animada e cheia de energia depois de passar um tempinho com algumas pessoas, mas drenada e exausta com outras?

A sua aura também é um limite energético que a ajuda a manter as energias de outras pessoas do lado de fora e a proteger a sua. Assim como os chacras, a aura pode acabar entupida de emoções, pensamentos e crenças limitantes, esgotando-se quando entregamos demais de nós mesmas ou de nossa energia, deixando-nos esgotadas e vulneráveis. Por isso, é muito importante manter a aura e a energia limpas e fortes.

INVOQUE A DEUSA

Ísis, a grande curandeira e Deusa da magia e da proteção, pode ser chamada para ajudar você a despertar seus próprios poderes curativos inatos e a manter sua energia e aura purificadas e limpas.

Comece visualizando a sua aura. Peça a Ísis que a ajude a vê-la e senti-la. Observe se parece estar fechada ou longe, se há quaisquer cores na sua aura. Agora, comece a verificar se há energias, emoções, pensamentos ou crenças estagnados nela. Peça a Ísis para ajudá-la a limpar tudo. Ela talvez os dissolva com luz, ou pode ser que você se veja sendo banhada pela chuva mágica de Ísis, que leva tudo embora, ou talvez sinta a energia da Deusa varrendo tudo que não é mais necessário para sua aura.

Em seguida, procure quaisquer buracos ou rasgos na aura pelos quais a energia possa estar vazando ou deixando-a exposta, desprotegida da energia dos outros. Isso pode acontecer quando nos abandonamos ou tentamos nos anestesiar e "nos ausentar" assim que as coisas ficam difíceis demais. Peça a Ísis para ajudá-la a se curar e a fechar esses buracos, enchendo-os com magia curativa e luz.

Por fim, peça a Ísis para encher sua aura toda com a energia curativa dela. É possível visualizar luzes e cores, a magia e o poder de Ísis preenchendo sua aura. Decida o quanto você quer que a aura esteja perto do seu corpo, então peça para a Deusa ajudá-la a fortalecê-la, assim como os limites energéticos, sentindo-os fortes ao seu redor.

Verifique sua aura todos os dias na semana seguinte, continuando a invocar Ísis sempre que precisar curar e limpá-la ou fortalecer limites energéticos.

AFIRMAÇÕES PARA RESGATAR A SUA ENERGIA

- "Minha energia está limpa, equilibrada e protegida."
- "Eu chamo a minha energia de volta para mim agora."
- "A energia da força vital feminina flui livremente por mim."
- "Eu retorno ao equilíbrio e alinhamento."
- "Os meus limites energéticos são fortes."

Você aprendeu a limpar sua energia de maneira a permitir que a energia da força vital feminina flua livremente por você, despertando a Deusa interior ainda mais. Com a energia equilibrada e protegida, vamos, então, passar um tempo no submundo, dando continuidade à nossa jornada em direção às sombras e conhecendo a Deusa das Sombras.

PARTE 2
O SUBMUNDO

Agora, chegamos à metade do caminho, à porta do submundo. Antes de entrarmos, quero que você faça uma pausa e verifique se está pronta ou não para embarcar na parte seguinte da jornada — porque, uma vez que tiver conhecido a Deusa das Sombras, não terá mais volta.

Pode ser que, às vezes, haja medo quanto a conhecer a Deusa das Sombras, pois não conseguimos esconder nada dela, e ela nos mostrará o que não está funcionando na nossa vida e onde mudança e transformação têm que acontecer. Geralmente, gostamos de fingir que não estamos cientes dessas coisas, porque, assim, podemos evitá-las e não precisamos dar os passos geralmente difíceis para concretizar a mudança. No entanto, é exatamente isso que a Deusa das Sombras faz.

Ela demandará que você assuma seu poder, olhe para as próprias sombras e encare as suas verdades. Ela ajudará você a ir até onde, antes, você teve medo de ir. Ela a levará aos limites, desafiando-a e mudando-a — e você precisa estar pronta para isso.

Então, pare por um momento e pense a respeito da sua jornada ao longo do Caminho da Deusa até aqui. Pegue um caderno e uma caneta, talvez acenda uma vela ou um incenso, e reflita a respeito do seguinte:

- Quais foram as suas maiores constatações até agora na jornada, sobre si mesma, sua vida, o feminino?
- Como está o seu relacionamento com a Deusa? Como ela aparece para você? Onde você mais sente o apoio, a orientação e a sabedoria dela?
- Como você e sua vida mudaram desde que começou esta jornada?
- Do que está gostando mais nesta jornada e o que está achando mais difícil e desafiador?
- Você está pronta para conhecer a Deusa das Sombras? O que espera que ela mostre/traga a você? Teme alguma coisa com relação a conhecê-la?

Escreva sobre essas questões, então sente-se, coloque uma das mãos no coração e outra na barriga. Em seguida, pergunte-se se está pronta. Quando ouvir um sim de corpo todo, estará na hora de conhecer a Deusa das Sombras...

“A Deusa das Sombras sabe tudo o que você é e tudo de que você é capaz, e ela quer ajudá-la a resgatar isso.”

CONHEÇA A DEUSA DAS SOMBRAS

Muitas vezes incompreendida, a sombra do feminino tem com frequência sido vista como algo negativo e a ser temido, mas é trabalhando com a Deusa das Sombras que você transformará e curará a sua vida.

Fomos ensinadas a temer a noite e a escuridão, mas, muito tempo atrás, as mulheres governavam a noite e a lua. Curandeiras, selvagens, bruxas — elas eram incontroláveis e estavam conectadas a uma fonte muito mais profunda de poder que não se encaixava nos padrões culturais que estavam sendo criados. Então, como vimos no Capítulo 4, tal lado da feminilidade foi suprimido.

Com o passar dos anos, as que viviam na energia da Deusa das Sombras foram rotuladas de bruxas, megeras, vadias, disruptivas e problemáticas; e as mulheres eram celebradas apenas quando se comportavam de maneira gentil, simpática e passiva. A feminilidade, de acordo com a definição feita pelos padrões patriarcais, era geralmente interpretada como fragilidade, recato, submissão, doçura, obediência e, muitas vezes, fraqueza — principalmente porque, ao longo dos séculos, as mulheres foram ensinadas a se silenciarem e suprimirem, a se comportarem como uma dama e a serem "boas garotas". Na verdade, é só quando você reconhecer e resgatar a sombra do seu feminino, assim como sua luz, que você se libertará e será livre de verdade.

Ao abraçar a luz do feminino, você se reconecta com a intuição, os sentimentos, as emoções, a graça, a receptividade, a compaixão, a calma, o ritmo e o cuidado. Ao abraçar a sombra do feminino, você se reconecta com o poder, a paixão, a sexualidade, a autenticidade, a criatividade, o magnetismo, a coragem, a ferocidade e a magia.

Se estiver pronta para isso, se estiver pronta para adentrar as profundezas e para conhecer e resgatar tudo de si, se estiver pronta para caminhar ao lado da Deusa das Sombras, então vamos descer ainda mais…

A vastidão

A descida ao submundo para conhecer a Deusa das Sombras geralmente começa com o que eu chamo de vazio, ou vastidão. O vazio ou a vastidão são períodos na vida em que nos sentimos perdidas, sem direção e sem propósito ou entusiasmo para viver. É como se não soubéssemos mais quem somos nem o que queremos, e o que costumávamos querer não nos parece mais tão atrativo. Pode durar desde poucos dias até poucas semanas, e muitas pessoas entram em pânico em tais períodos de vazio, pois podem ser confusos e desconfortáveis, principalmente se você estiver questionando tudo na sua vida e nada mais parecer fazer sentido.

No entanto, essa jornada ao vazio costuma ser um convite da Deusa das Sombras, que quer despertá-la e impedi-la de caminhar pela vida como uma sonâmbula na direção errada. Ela quer mostrar onde você anda se reprimindo, fazendo-se caber em alguém que não é e negando seu brilhantismo, pois a Deusa das Sombras sabe tudo o que você é e tudo de que você é capaz, e ela quer ajudá-la a resgatar isso.

Peregrinar pela vastidão é um período cheio de magia e potencial — pois é justamente por esse espaço não ter nada que tudo se torna possível. Quase sempre é quando você está se sentindo mais perdida que realmente começa a se encontrar. Nesses períodos, você não é mais quem costumava ser, mas ainda não é quem vai se tornar, e é nesse meio-termo — no vazio — que a maior parte da magia da Deusa das Sombras pode ocorrer.

Qualquer um que me conhece bem sabe que, algumas vezes por ano, a Deusa das Sombras me chama, e, então, eu visito a vastidão, o vazio. Hoje em dia, faço isso por vontade própria, em vez de ter que ser arrastada até lá. Sinto uma desconexão se aproximando, às vezes até uma solidão profunda; um sentimento de não saber quem sou, o que quero nem o que estou fazendo. Fico totalmente perdida. Deparo-me com emoções intensas chegando do nada. Nenhum ritual, mantra ou pensamento positivo consegue me afastar disso.

Sendo sincera, olhando para trás, isso costuma acontecer sempre que passo um tempo desconectada de mim mesma, escondendo-me, reprimindo-me, não seguindo os cutucões intuitivos ou ainda me agarrando a coisas que não funcionam mais para mim, em vez de confiar no processo e permitir que tudo se desfaça.

Depois de tantos anos lutando contra isso, hoje eu me rendo. Em vez de permitir que a Deusa das Sombras me persiga por semanas, vou em frente e a encaro. Quando esses sentimentos familiares começam a surgir, entro no elevador mais rápido de todos para descer ao submundo. Enxergo isso como uma oportunidade poderosa de voltar a me conectar comigo mesma e de encontrar a Deusa das Sombras em toda a sua glória.

Primeiro, dou a mim mesma um limite de tempo. Não queremos jamais ficar no submundo por muito tempo; queremos visitá-lo para obter aquilo de que precisamos e, então, trazer essa sabedoria de volta conosco. Para mim, geralmente são três dias, no máximo.

Depois, percebo que não preciso de um motivo para justificar como estou me sentindo nem criar uma história para isso — é algo que apenas "é". Permito-me estar no desconhecido. Não tento procurar respostas, razões, explicações, tampouco resolver ou consertar qualquer coisa. Não tento me anestesiar, comer até me esquecer de algo, ou assistir a alguma coisa na Netflix para me distrair. Apenas me rendo e dou permissão a tudo, e sei que isso também passará e que, quando passar, uma nova versão minha vai emergir das cinzas do passado.

Então compreendo que é um processo de morte e renascimento; que uma parte de mim e da minha vida está padecendo. Eu me abraço e dou permissão para que as minhas partes antigas possam ir embora, criando espaço para que as novas aflorem.

Por fim, danço com a Deusa das Sombras. Eu a convido a entrar. Peço que fique comigo, que me ajude a remover tudo que não ressoa mais e que me mostre o caminho. Demonstro curiosidade quanto ao que estou sentindo, ao que existe aqui, ao que está presente. Dou a mim a permissão de sentir tudo que preciso sentir — chorar, rir, ficar com raiva, bater o pé, gritar, respirar, mover-me e processar as emoções sem rotulá-las, sem fazer com que algo seja bom ou ruim.

Permito-me ir até as profundezas das sombras. Volto-me em direção ao mistério, à alquimia e à Deusa das Sombras. E posso dizer, com sinceridade, que esses são alguns dos períodos mais transformadores da minha vida, dos quais emerjo, depois do processo, como alguém totalmente diferente.

Resgatando o seu fundo do poço

Toda jornada da heroína tem um fundo do poço, um momento no qual elas sentem que não conseguem mais continuar. E esse é o ponto de virada do verdadeiro resgate.

É provável que você tenha passado por certos momentos na vida em que ficou de mãos e joelhos no chão, simplesmente sem saber o que fazer. Ou nos quais parecia que não iria aguentar muito mais ou até que o coração se quebraria em um milhão de pedacinhos.

Mas não quebrou. Você ainda está aqui. Você superou todas as dificuldades da sua vida até aqui. E aposto que, quando olha para esses períodos, percebe que foi neles que mais aprendeu sobre si mesma e sobre os momentos que a fizeram ser quem é. Porque é no nosso fundo do poço que encontramos a Deusa das Sombras.

Assim como Shakti — o sagrado feminino — é a criação, ela também é a destruição. A Deusa das Sombras é uma agente de mudanças, uma mensageira do caos, uma força a ser reconhecida. Na natureza, ela é as tempestades, os tsunamis e os vulcões, e pode, com frequência, parecer que traz essa mesma energia para nossas vidas, principalmente quando estamos nos afastando do caminho da nossa alma.

A Deusa das Sombras sabe que é só quando realmente estamos no abismo do desespero ou encurraladas que mais aprendemos sobre nós e sobre o quanto somos fortes e capazes. É nos momentos mais sombrios que realmente nos conhecemos, que somos chamadas a ascender e a estar presentes para apoiar, encorajar, confiar, cuidar e amar a nós mesmas.

Eu sei que esses momentos difíceis podem ser inquietantes e podem deixá-la se sentindo incerta quanto a si, sua fé e sua vida. Porém, os fundos do poço são realmente alguns dos períodos mais poderosos e transformadores da nossa vida.

Apesar de nem sempre ser possível escolhermos conscientemente o que nos acontece, sempre podemos escolher como respondemos e reagimos ao que acontece. Quando você se enxerga como uma vítima e nota que as coisas estão acontecendo com você, você perde todo o poder e realmente se torna vítima das circunstâncias. Mas, quando enxerga a vida como algo que está acontecendo "para" você, tudo muda. Você passa a ver as oportunidades, o crescimento e as lições pelas quais está passando, e se torna uma participante ativa de sua história, mesmo se a sensação for desafiadora. É possível chamar a Deusa das Sombras e pedir força, ajuda, apoio e compreensão, aprofundando seu relacionamento com ela e consigo mesma.

Sempre que se perceber em uma situação difícil ou espiralando na própria mente, pergunte-se "O que posso aprender com isso?" ou "O que isso está me mostrando?". Em vez de se permitir virar a vítima, tente enxergar o quadro geral, os ensinamentos e as lições: a maneira como a Deusa está mostrando que você se desalinhou da sua alma.

Às vezes, eu admito, as lições não ficam claras até termos avançado um pouco mais pelo caminho, quando podemos olhar para trás e ligar os pontos. Mas, ao resgatar os fundos do poço, o processo todo pelo qual você está passando se torna uma experiência espiritual que honra o caminho da sua alma e o seu encontro com a Deusa, em vez de ser uma experiência difícil.

Quando parece que as coisas estão desmoronando e se despedaçando, agora sei que estão, na verdade, se ajeitando. Pode ser que eu estivesse avançando pelo caminho errado e a minha alma tenha precisado me redirecionar, ou que eu estivesse ignorando os cutucões e empurrões por muito tempo, e a Deusa das Sombras precisou chamar a minha atenção.

Sei que, durante esse período, estou sendo remodelada e sei que, apesar de tal processo talvez ser doloroso e desesperador, esses são os períodos nos quais mais aprendo sobre meus medos, inseguranças e hábitos antigos mais arraigados. Nesses períodos de transformação, fico cara a cara com identidades, crenças, pensamentos, padrões e jeitos de ser antigos que não me servem mais. É como se eu estivesse sendo convidada a ruir, a me entregar e desapegar de velhos conceitos para que uma nova versão divina minha possa emergir.

Porém, isso tudo vem com a experiência — quando você finalmente pode olhar para trás e ver que todos os fundos do poço foram momentos determinantes em sua vida, os quais a ajudaram a chegar mais perto de onde deveria estar. Então, é isso que vamos fazer agora.

Ritual de resgate

Com os olhos da alma, relembre os períodos mais difíceis e desafiadores da sua vida. Escreva sobre o que essas situações lhe ensinaram, como as superou, como você cresceu, como elas a ajudaram a evoluir como ser humano e como alma, e como a fizeram ser quem é e a trouxeram até aqui. Observe o quanto você chegou longe e, mais importante, como superou todas as situações difíceis na sua vida até hoje. Perceba o quanto você é poderosa e capaz.
Se pudesse dizer algo à sua versão que estava passando por aquele período difícil, sabendo o que você sabe agora, o que diria? Então, lembre-se desse conselho em momentos futuros e saiba que também os superará, pois foi a sua alma que os escolheu, a Deusa das Sombras está ao seu lado e são esses os momentos que a fazem ser quem você é.

Dançando com a Deusa das Sombras

A Deusa das Sombras é caos e criação, morte e destruição, incontrolável e desconhecida, misteriosa e mágica, selvagem e indomada. Ela coloca você diante do que precisa ver, ouvir e saber, exige que você fale a verdade, e pede que revele tudo o que andou escondendo e reprimindo. Ela a incentiva a ser corajosa, ousada, destemida e verdadeira consigo, e a livrar-se das expectativas e opiniões dos outros. Representa as constatações dolorosas, as verdades desconfortáveis, a autenticidade radical e o lugar em que a transformação ocorre. Ela ajuda você a queimar tudo e, então, a se reerguer das cinzas como a versão mais sã, poderosa e magnífica de você mesma que já existiu.

A Deusa das Sombras geralmente a convidará de maneira que você não possa ignorar. Talvez se pegue pensando nela sempre, ouvindo o nome da Deusa como um sussurro ao vento, encontrando-a nos sonhos, sentindo a energia dela por perto ou começando a ver símbolos por toda parte. Talvez seja difícil conectar-se com ela no começo, pois ela vive nas sombras, e apenas se revelará por completo quando tiver certeza de que você está pronta para a jornada pela qual ela a conduzirá.

Trabalhar com a Deusa das Sombras requer tempo, esforço e energia. Você precisa construir um relacionamento com ela sem ter pressa, pois será apenas por meio da profundidade desse relacionamento que você aprenderá a conhecê-la, a confiar nela e a permitir que a Deusa leve você aos níveis de transformação que ela deseja.

Comece aprendendo mais sobre ela, estude os mitos e as lendas, conheça a história, as dificuldades, o poder, as lições e a energia arquetípica dela. Observe onde a história da Deusa reflete a sua, além das maneiras como ela pode ajudar você na vida.

Depois, apresente-se a ela. Deixe-a saber que você está pronta para trabalhar em equipe. A Deusa das Sombras ama oferendas, então você pode acender uma vela todos os dias ou montar um altar que a represente, ou ainda passar, todos os dias, apenas alguns momentos em devoção, com a intenção de conhecê-la.

Medite a respeito da Deusa das Sombras, convide-a para dentro de você e se abra para receber sua energia e orientação. Escreva sobre ela, contando com o que precisa de ajuda, e certifique-se de anotar quaisquer mensagens que receber. Comece a sentir a energia da Deusa se espalhando pela sua vida, comece a seguir o caminho pelo qual ela quer guiar você.

Existem muitos nomes pelos quais a Deusa das Sombras atende, cada um deles com uma energia única. Vamos conhecer alguns deles e também algumas formas de invocá-los e de trabalhar conscientemente com as suas energias. Cada um pode falar com você de maneiras diferentes, em momentos diferentes, mas uma coisa é certa: quando a Deusa das Sombras chama, você presta atenção.

Kali

Como Kali, ela é a destruidora, a forma mais destemida da força Shakti do sagrado feminino. Kali é uma Deusa hindu com pele escura reluzente e cabelo selvagem que ondula ao vento. Ela veste um colar de crânios, uma saia de pele de tigre, e é geralmente vista com a língua de fora. É conhecida pela sua batalha lendária contra o demônio Raktabija, na qual ajudou Durga ao beber o sangue dele, colaborando para derrotar tanto ele quanto seu exército de demônios.

Kali é a expressão máxima da Mãe Natureza. Deusa da morte e do renascimento, ela traz consigo a destruição para que possa haver a criação. Kali libertará e livrará você dos medos e de tudo que a paralisa. Ela destruirá bases de crenças antigas, soltando sua resistência, tirado você da sua zona de conforto e a ajudando a encarar os demônios interiores.

Invoque Kali quando precisar se posicionar e se defender, encontrar a coragem para enfrentar medos ou quando souber que está presa em uma crença limitante, escondendo-se e impedindo-se de avançar.

Ofereça a Kali suas dúvidas, medos e crenças limitantes. Imagine que está se curvando diante dela, entregando-lhe tudo aquilo do qual não precisa mais. Veja-a aceitando a oferta e destruindo tudo, enquanto cria espaço para que algo novo chegue.

Quando realmente quiser invocar o poder de Kali, coloque a língua para fora e dê um rugido poderoso, explorando sua Kali e seu poder interiores. Talvez até queira se mover, dançar ou bater os pés. Sinta a energia dela percorrendo, livrando e libertando você.

Lilith

Como Lilith, ela representa a rebelião, a liberdade, a independência e a igualdade. Segundo a lenda judia, essa Deusa foi a primeira esposa de Adão, criada da mesma terra e barro que ele. Uma mulher sexualmente livre e empoderada, Lilith se opôs a ser subserviente, submissa ou inferior a Adão; queria ser tratada como igual. E foi o que pediu ao primeiro homem: quando ele exigiu que ela vivesse sob sua autoridade, Lilith se transformou em uma coruja estridente e saiu do Jardim do Éden.

Ela incorpora sensualidade, sexualidade, liberdade, selvageria indomada, libertação e empoderamento feminino. É considerada por muitos a primeira feminista, pois lutou pela igualdade e pela independência. É uma pioneira e uma rebelde, ajudando-a a forjar o próprio caminho, a não ter medo das sombras ou da sexualidade, e a ascender no próprio poder.

Invoque Lilith quando tiver se perdido, principalmente em relacionamentos, ou quando não se sentir totalmente capaz de ser e de se expressar por completo perto dos outros. É ela quem você também pode chamar quando precisar se priorizar mais ou quiser trabalhar com a sexualidade e a sensualidade.

Faça a prática do espelho, na qual você pode se encarar para ver seu verdadeiro eu. Enxergue além de quaisquer histórias que a mente quiser contar e veja a si com todo o seu poder feminino. Quando se sentir confortável com isso, progrida e passe a se observar em um espelho de corpo inteiro. Então, comece a se mover e a dançar na frente dele, permitindo-se ser vista em um ritmo sensual desenfreado e pleno enquanto se move.

Descubra onde a lua negra de Lilith está no seu mapa astral. Na astrologia, ela representa seu lado sombrio e suas sombras, o lugar onde você se sente envergonhada, reprimida, incompreendida ou ridicularizada na vida, e como isso faz você se diminuir e esconder seus poderes femininos. Isso lhe mostrará o que você pode ter medo de expressar, quais são seus poderes de sedução, como desafia convenções e como cresce de dificuldades em direção ao empoderamento. Use esse conhecimento para libertar mais da sua Lilith interior.

Hécate

Como Hécate, ela é a rainha das bruxas, a curandeira, a Deusa da magia, das encruzilhadas, da noite e da lua. Uma Deusa grega, é a única filha de Perses, Deus da destruição, e de Astéria, Deusa das estrelas cadentes e dos oráculos noturnos. Hécate recebeu poder sobre a terra, o mar, o céu e a alma do mundo cósmico. Como uma Deusa limiar e guardiã das entradas, ela também está associada ao submundo, principalmente por ter ajudado na libertação de Perséfone (veja a página 71).

Hécate representa os ciclos naturais, o ciclo menstrual, a lua, a natureza e as grandes transições. Ela nos ensina os mistérios da vida, principalmente os das mulheres, do sangue, da sabedoria do ovário, da fertilidade e do parto. É a Deusa tríplice, refletindo seus poderes no céu, na terra e no submundo, ou no nascimento, na vida e na morte. É a Deusa da divinação, conectando os humanos com o mundo espiritual e com a fonte universal de toda criação.

Invoque Hécate quando estiver em uma encruzilhada na vida, quando sentir que está há tempo de mais no vazio ou precisar definir limites claros para si. Ela também é a Deusa a ser chamada quando quiser trabalhar com a cura das mulheres, a magia lunar, os mistérios do sangue e da fertilidade, e a bruxaria.

Invoque Hécate em meditação, quando estiver se sentindo perdida ou em uma encruzilhada. Visualize-a armada com as tochas ardentes, guiando-a para fora da escuridão. Você pode acender uma vela todos os dias para representar a luz-guia de Hécate, pedindo por sabedoria e direcionamento para que você consiga encontrar seu caminho. Então, apague as velas, confiando que os desejos foram escutados. Busque o direcionamento de Hécate e a siga.

Conecte-se com a sua própria magia e bruxa/curandeira interior. Encontre um baralho de cartas de oráculo e o dedique a Hécate. Toda manhã, entre em sintonia com a energia dela e pergunte o que você precisa saber a respeito do seu dia, então tire uma carta para guiá-la. Passe um tempo em silêncio, escrevendo e refletindo, ou meditando sobre a mensagem da carta, abrindo-se para receber os recados e mistérios de Hécate. Ela é conhecida por se comunicar por meio de sonhos, então também preste atenção neles.

Cerridwen

Cerridwen é a Deusa metamorfa da mudança, do renascimento e da transformação. Ela detém o caldeirão do conhecimento, da transfiguração e da inspiração. Uma Deusa celta de ascendência galesa, é a mãe de Taliesin, o maior dos poetas galeses, mas isso só depois de uma longa história, que contém poções mágicas, um acidente inimaginável e um punhado de transformação, morte e renascimento.

Como guardiã do caldeirão mágico, um tema central da tradição dos mistérios celtas, ela representa o útero da Deusa, do qual toda vida chega ao mundo. Quando diante de grandes desafios e obstáculos, Cerridwen não desistiu, o que nos ensina a seguir em frente em momentos difíceis; e é por meio desses desafios que nos transformamos e chegamos até onde estamos destinadas.

Invoque Cerridwen quando souber que está na hora de mudar ou de se desapegar daquilo que não lhe serve mais. Assim que o desconforto de não mudar começar a pesar mais que o desconforto de mudar, você saberá que está na hora de convidá-la.

Realize uma cerimônia de queima para libertar aquilo que você estiver pronta para mudar e transformar. Faça uma lista de tudo o que estiver disposta a permitir que desapareça. Leia a lista para Cerridwen e peça coragem, orientação e ajuda para permitir que essas coisas se vão. Quando estiver pronta para libertá-las, ateie fogo ao papel e solte-o de preferência em um caldeirão (ou louça à prova de fogo), e veja as chamas da transformação de Cerridwen queimarem e fazerem tudo sumir.

Cerridwen representa a mudança das estações na natureza e na sua vida, mostrando que há ciclos naturais por meio dos quais você se transforma. Como Deusa da astrologia, Cerridwen nos ajuda a enxergar tais períodos no mapa astral. Dê uma olhada nos seus retornos de Saturno (por volta dos 29, 58 e 89 anos), quadratura de Plutão (entre as idades de 37 e 43 anos), retornos de Júpiter (por volta dos 24, 36, 48, 60, 72, 84 e 96 anos), quadratura de Netuno (entre 40 e 43 anos) e oposição de Urano (no começo dos 40 anos). Peça a Cerridwen para ajudá-la a compreender e a abraçar esses pontos radicais de mudança na vida.

“Quando você resgata, reconhece, aceita e ama todas as partes de si mesma, não importa mais se outra pessoa também fará isso.”

Capítulo 7

RESGATE AS SUAS SOMBRAS

Conhecemos a Deusa das Sombras, adentramos o submundo, e agora está na hora de mergulharmos nas *suas* profundezas.

O trabalho com as sombras

Quero dizer agora, no começo desta parte da nossa jornada, que trabalhar com as sombras é difícil. Então se parabenize por estar dando este primeiro passo corajoso na direção da autoconsciência e da transformação. Além disso, trabalhar com as sombras é complicado, pois elas escondem tudo, então notar continuamente os próprios gatilhos, projeções, emoções e julgamentos é um processo a longo prazo.

Atente, também, ao fato de que o trabalho com as sombras só pode ser feito com atenção, gentileza e consciência compassiva; como uma ferramenta para se amar e aceitar ainda mais, em vez de apenas outra razão para se martirizar.

Se estiver lidando com baixa autoestima, comece trabalhando com a Deusa para construir uma sensação de amor-próprio e de aceitação, antes de mergulhar fundo demais nas sombras ou de invocar a Deusa das Sombras. Talvez você deva voltar e caminhar pelos primeiros capítulos do livro outra vez e vir para as sombras quando estiver pronta para trazê-las à luz.

A ideia de "sombra" vem do psicólogo Carl Jung. Em termos simples, sua sombra é a junção de todas as suas partes que você tenta esconder, suprimir e negar; as partes que fazem você se sentir constrangida, aquelas que você julga, vê como fraquezas, não gosta, não quer enfrentar ou acredita serem ruins. É a sua vergonha, são todas as coisas a seu respeito que você acredita que não são aceitáveis nem amáveis, ou ainda aquilo que teme que os outros descubram e por isso não gostem mais de você. São todas as maneiras nas quais você não se sente segura para ser você mesma.

Qualquer coisa a nosso respeito que não se alinha com a imagem que queremos passar para o mundo exterior é empurrada para as sombras. São emoções, desejos e crenças que você teme expressar, as palavras que você tem medo de falar, as partes selvagens da Deusa das Sombras — caótica, indomável, fora de controle — que você não permite virem à tona por medo do que ela possa dizer ou fazer.

A melhor maneira que já ouvi a sombra ser descrita foi como se precisássemos carregar uma melancia conosco o dia todo, mas sem deixar que qualquer pessoa a visse. Dá para imaginar como seria não apenas quase impossível, mas também completamente exaustivo fazer isso? É assim que trabalhar com as sombras nos faz sentir quando caminhamos por aí o dia todo, tentando não deixar as outras pessoas verem, conhecerem ou descobrirem certas partes nossas. Tentar sempre esconder partes suas é exaustivo.

As sombras têm grande poder sobre nós quando permanecem escondidas e temos pavor de que outra pessoa as descubra. Porém, quando você acende a luz em um quarto escuro, as sombras não parecem mais tão assustadoras assim. Quando você resgata, reconhece, aceita e ama todas as partes de si mesma, não importa mais se outra pessoa também fará isso. Você não está mais gastando tempo nem energia tentando ser alguém que não é. Quando uma sombra é trazida à luz, ela perde poder. Quando nos amamos e nos aceitamos por completo, não temos mais nada para esconder, e podemos começar a viver de maneira livre.

Muitas das crenças e ideias que causam nossas sombras nos foram dadas geralmente por adultos responsáveis, com boas intenções, durante nossa infância, ou ainda repassadas a nós pela sociedade, a qual nos diz como devemos nos comportar, falar e ser. Por sermos humilhadas, repreendidas ou provocadas por determinados comportamentos, começamos a esconder tais partes nossas e adaptar nossos comportamentos para que, assim, fiquem em conformidade com o que achamos que os outros querem e esperam de nós. Por exemplo, se você levou uma bronca por falar demais ou muito alto quando criança, é provável que tenha enterrado essa parte de si e hoje em dia enfrente dificuldades para se expressar. Você pode até acabar sentindo vergonha caso se pegue falando demais, e talvez se esforce para enterrar ainda mais fundo essa sua parte.

Ou talvez um ex lhe tenha dito que você era carente demais e que isso passava dos limites, então agora você reprime essa sua parte e é incapaz de pedir ajuda, receber apoio ou demonstrar qualquer tipo de "fraqueza", tentando provar que consegue fazer tudo sozinha e que não precisa de ninguém. Você está disposta a humilhar sua parte que precisa de alguém ou de algo, para se tornar alguém que está "bem" para todo o sempre, mesmo quando não está.

Uma das principais maneiras como nossa sombra se manifesta é no que parecem ser gatilhos ou incômodos. Um gatilho ocorre quando temos uma reação emocional desconfortável, e geralmente forte, diante de algo, e sentimos isso com frequência quando se trata das nossas sombras. Vamos dar uma olhada em como trabalhar com esses gatilhos e reconhecer nossas sombras.

Encontrando nossas sombras em nós

A sombra é aquela voz baixinha que persegue você. Ela a adverte a tomar cuidado e não falar tal coisa. Diz que alguém não gosta de você. Aconselha a não se comportar de certa maneira, ou a julgarão. A não exibir aquela parte de si, ou pensarão que você é esquisita. A não agir de tal forma, ou não a desejarão.

A sua sombra a fará acreditar que você é demais ou não é o bastante. Dirá que não é digna, merecedora ou amável. Ela sempre faz questão de lembrá-la de que há algo de errado com você e de que você precisa esconder uma parte sua do mundo.

Também vemos as nossas sombras quando observamos gatilhos e reações a algo que alguém diz a nosso respeito, principalmente se sentimos que estão nos vendo ou expondo uma parte nossa que tentamos esconder, que não permitimos que o mundo veja.

Vamos continuar com o exemplo acima, sobre sentir vergonha por falar muito ou falar alto demais quando mais nova. Um dia alguém no seu trabalho ou seu parceiro diz: "Nossa, você passou um tempão falando ao telefone, né?" E uma ira defensiva surge em seu interior, porque você sente que viram aquela parte sua que você tenta desesperadamente esconder; a parte feia, sem valor e indigna de amor que só fala e fala. Então, você se defende e revida: "Não, não passei. Não sei do que você está falando. Eu não passei muito tempo ao telefone." Enquanto isso, tenta, também de maneira desesperada, esconder mais uma vez essa sombra.

É importante mencionar que ninguém jamais pode fazê-la sentir algo, a não ser que você lhes dê permissão. Geralmente, só nos chateamos com algo que alguém diz a nosso respeito se, bem lá no fundo, acreditarmos que seja verdade — em especial quando se trata de uma sombra da qual sentimos vergonha ou que tentamos suprimir e negar.

Então, se alguém a chamou de egoísta e você acredita que não é nem um pouquinho egoísta, isso passará reto e haverá pouca ou nenhuma reação. Se houver uma parte sua que acredita que é egoísta, assim como escutou de sua família ou parceiros no passado, e você não gostar ou sentir vergonha de tal parte ou ainda julgar que ser egoísta é ruim, você imediatamente entra em modo defensivo: "Eu não sou egoísta, você que é. Como ousa me chamar de egoísta?" Se, no entanto, você já reconhecer e amar as suas partes egoístas por tê-las usado para definir limites melhores, por exemplo, ou por praticar autocuidado e se priorizar quando necessário, as palavras não terão tanto impacto assim, e você poderá até concordar com elas, sentindo orgulho por ter resgatado o seu egoísmo. Ele não está mais nas sombras, e você não precisa mais temer que os outros o "descubram".

É por isso que trabalhar com as nossas sombras pode ser tão poderoso e transformador. A Deusa das Sombras a ajuda a reconhecer, assumir, aceitar e amar cada parte sua, e, ao aceitar as suas sombras, você se liberta.

Ritual de resgate

Comece um diário de sombras. Comece a reparar nos pensamentos e sentimentos sombrios e recorrentes que você tem em relação a si mesma, e anote-os em seu diário. Cada vez que surgir aquela voz dizendo que há algo de errado com você, preste atenção tanto nela quanto no que está sendo dito. Passe algum tempo com as sombras: você consegue notar de onde elas vêm ou por que você está tentando esconder essa sua parte? Ou o que você imagina que aconteceria se os outros vissem esse seu lado? Preste atenção nos seus gatilhos e emoções, e passe um tempo com eles. Em vez de apenas os ignorar e esperar que vão embora, gentilmente lhes faça perguntas: "O que estou sentindo, por que estou sentindo isso, onde sinto essa emoção no meu corpo, qual crença está conectada a essa emoção, o que sentir essa emoção me faz querer fazer?" Pergunte-se por que acabou de fazer o que fez ou por que reagiu da maneira que reagiu. Seja sincera e gentil consigo mesma. É assim que começará a descobrir mais sombras suas.

Encontrando nossas sombras nos outros

Nossas sombras também podem se fazer presentes com relação ao que achamos incômodo, difícil ou desagradável nos outros, ou ainda naquilo pelo que condenamos e culpamos as outras pessoas.

Seguindo com os exemplos anteriores, ficaremos muitíssimo aborrecidas com qualquer pessoa perto de nós que fale muito ou alto demais, pois veremos nelas algo que suprimimos em nós mesmas, por acreditarmos ser inaceitável ou impossível de ser amado. E, fazendo isso, nós nos tornamos incapazes de compartilhar nossa verdade, achando desconfortável estar perto de alguém que expressa sua voz de maneira tão aberta.

Será como um gatilho se alguém for egoísta e nos disser "não" para, assim, priorizar suas necessidades, pois escondemos nosso egoísmo a fim de tentarmos ser mais agradáveis, estarmos mais disponíveis e parecermos uma "boa garota", e porque ser egoísta é "ruim". E, ao fazer isso, sempre nos deixamos por último, o que, no fundo, também não nos faz sentir bem; portanto, é desconfortável estar perto de alguém que prioriza as próprias necessidades.

Qualquer coisa que você vir nos outros e for um gatilho, um incômodo, ou que você julgar, desgostar, ou que a fizer querer fugir para evitar, provavelmente é uma sombra sua sendo refletida.

Uma das maneiras mais explícitas pelas quais a sombra se faz presente é na ferida da irmã, que vimos no Capítulo 4. Há grande probabilidade de que todas já tenhamos passado por aquele momento em que outra mulher entra no cômodo e parece confiante, ousada, como se realmente se conhecesse e se amasse. Ou que parece estar confortável no próprio corpo, exalando sensualidade e feminilidade, sem medo de ser tudo o que ela é. E nossa primeira reação, muitas vezes, acaba sendo: "Quem ela pensa que é?" Ou ainda nos pegamos julgando-a e criticando-a em silêncio, ou ainda a evitando. Isso ocorre porque ela é como um gatilho para as partes que escondemos, porque a sociedade, os parceiros ou outras pessoas em nossa vida nos disseram para nos reprimirmos, para não sermos exageradas, sexuais demais, selvagens demais, confiantes demais, paqueradoras demais, ou até para que não nos amássemos demais. Ou talvez não nos sintamos dignas ou boas o bastante, e nos tornamos incapazes de sentir todo aquele amor, aceitação e confiança em nós. Sentimos vergonha, escondemos e suprimimos tantas partes dos nossos poderes femininos, sensualidade e Deusa interiores, que não aguentamos vê-la viva em outra mulher.

Na verdade, toda vez que você vir algo em outra mulher e tiver vontade de julgar, humilhar ou criticar, isso é um convite para você resgatar uma parte perdida, escondida e reprimida sua, ascendendo ainda mais como a Deusa verdadeira e autêntica que você é.

Ritual de resgate

- Observe como reage emocionalmente, julga outras pessoas e sente que elas são como gatilhos para você, em especial com relação a outras mulheres. Às vezes é mais fácil enxergar suas sombras em outras pessoas, pois o que vemos é um reflexo de uma parte nossa que pensamos ser desagradável, inaceitável, ou que acabamos reprimindo.

- Anote o que você julga ou critica nas outras pessoas, assim como o que mais a incomoda nos outros e no comportamento deles. Perceba quais palavras, traços, comportamentos e emoções têm maior carga emocional para você — por exemplo, se não suporta pessoas egoístas ou quando elas estão com raiva ou falando alto.
- Passe um tempo refletindo a respeito de qual é o aspecto do comportamento delas que realmente a incomoda. Continue indo mais e mais fundo em direção ao porquê, perguntando-se com gentileza por que o comportamento delas a incomoda tanto assim. Note se consegue enxergar o mesmo comportamento em você ou se elas estão expressando algo que você reprimiu, mas que precisa resgatar. Isso pode ser feito por meio de um diálogo interior (indagando-se as questões anteriores com gentileza e amor) ou, também, por meio da escrita reflexiva.

INVOQUE A DEUSA

Conhecemos a **Deusa das Sombras** e algumas das suas personificações nas páginas 139-151. Vamos, agora, dar uma olhada em como podemos convidá-la especificamente para nos ajudar a trabalhar com as sombras e, acima de tudo, curar, resgatar e aceitá-las.

Com muita frequência, criamos sombras ao redor das energias sombrias femininas, porque nos ensinam que são pecaminosas, ruins, inaceitáveis ou erradas. Isso nos faz rejeitar nossas emoções, desejos, sexualidade, independência, paixão, poder, selvageria e quaisquer outras partes que a sociedade não julga aceitáveis ou femininas.

É por isso que trabalhar com as sombras é tão importante, em especial porque elas contribuem diretamente para a ferida da bruxa, para a ferida da irmã e para muitas outras razões pelas quais você não pode se expressar de maneira autêntica como sua verdadeira eu e libertar a Deusa interior. É aqui, então, que a Deusa das Sombras pode ajudar.

A Deusa das Sombras não tem medo de nenhuma parte sua — não há nada que possa lhe dizer que a fará amar menos você. Ela vai ajudá-la a assumir, sem qualquer vergonha, suas partes, acompanhando-a enquanto enfrenta as próprias sombras e, ao fazer isso, resgata e liberta toda a sua energia divina interior.

Geralmente são as coisas que mais tememos que nos impedem de avançar e, ao mesmo tempo, são elas que trazem os maiores presentes. Não ter mais medo de falar muito ou falar alto demais significa resgatar sua voz e sua verdade. Não ter mais medo de ser egoísta ajuda você a se priorizar. Não ter mais medo de parecer carente demais a ajuda a expressar suas necessidades de maneira autêntica e a pedir o que quer. Não ter mais medo da sua sensualidade e sexualidade significa abraçar a totalidade do prazer. Não ter mais medo da raiva e da ira significa ser capaz de resgatar o seu "não" sagrado e definir limites.

Ritual de resgate

Chame a Deusa das Sombras para ajudá-la a adentrar seu submundo e ver o que você anda escondendo, reprimindo e negando. Pode fazer isso enquanto medita e visualiza a Deusa a levando até suas profundezas, até os lugares mais profundos e escuros para encontrar a sua sombra sagrada. Permita que a Deusa das Sombras lhe mostre o que você está escondendo, onde você nega a sombra feminina, e peça a ela que a ajude a resgatar essas suas partes.

Você talvez tenha escondido seus desejos, ira, paixão, libertação sexual, prazer, poder, sensualidade, selvageria, magia, conhecimento intuitivo e quaisquer outras coisas que a sociedade ensinou que não combinam com ser uma "boa garota". Peça conselhos ou orientações para a Deusa das Sombras, então sinta enquanto ela leva suas sombras na direção da luz. Você pode até se imaginar encontrando e conversando com seu eu sombrio, compreendendo-o melhor e obtendo sabedoria dele.

É importante mencionar aqui o feminino sombrio ou ferido. O lado sombrio da energia feminina em geral vem de não nos sentirmos totalmente seguras em nossa energia feminina e, portanto, acabamos criando um conjunto de mecanismos de defesa e estratégias de sobrevivência para nos ajudar a satisfazer nossas necessidades. Isso inclui manipulações, críticas, inveja, codependência, papel de vítima, busca por atenção e por agradar as pessoas, vaidade, comparação, autogratificações, amor oculto e julgamentos. Seja sincera quanto a qualquer uma dessas coisas estar presente na sua vida, mesmo que tente escondê-las. Veja se consegue descobrir de onde estão vindo e o que estão tentando ganhar ou do que estão tentando protegê-la. É só por meio do resgate radicalmente sincero de todo seu eu, levando todas as suas sombras à luz, que você poderá se curar e se libertar.

Você também pode escrever a respeito das suas sombras. Mais tarde pode até queimar o papel com segurança, se parecer assustador demais guardá-lo e visualizar as chamas levando todas essas coisas e começando a libertá-la delas. Até mesmo trazer luz para essas partes e resgatá-las significa que elas já não espreitarão nas suas sombras nem terão mais tanto poder sobre você.

Observe toda vez que as sombras se fizerem presentes, ou sempre que se pegar reprimindo ou escondendo partes suas, e invoque a Deusa das Sombras para ajudá-la a levar essas partes de volta à luz e a se libertar.

Você pode trabalhar com quaisquer Deusas das Sombras mencionadas nas páginas 147-151. E aqui vão mais algumas:

Perséfone

Uma vez que passa metade do ano no submundo, Perséfone é a guia perfeita para mostrar a você como trazer suas sombras à luz. Ela abraça as próprias sombras sem perder a luz e ensina você a não se perder ao tentar ser alguém que os outros querem que você seja.

Nix

Deusa da noite e da escuridão, Nix a ajudará a encarar seus medos, a descobrir suas verdades mais profundas e a permanecer em segurança na escuridão, sem jamais temer as sombras. Ela mostrará a você que o seu maior potencial costuma nascer dos maiores medos.

Morrígan

Geralmente imaginada como uma Deusa tríplice, a poderosa Morrígan a ajudará a enfrentar seus medos mais profundos, desvendar todas as partes que você escondeu por vergonha e a transmutar sua escuridão em luz.

Eresquigal

Rainha do submundo, ela é uma das Deusas das Sombras supremas que ajuda você a ir fundo na autorreflexão, assim como a descobrir as profundezas do seu mundo interior e de tudo o que escondeu, para que, assim, enxergue a verdade de quem você é.

AFIRMAÇÕES PARA RESGATAR AS SUAS SOMBRAS

- "Eu trago as minhas sombras à luz."
- "Eu amo, reconheço e aceito todas as partes de mim."
- "As minhas sombras não me assustam mais."
- "Enxergar as minhas sombras me liberta."
- "As minhas sombras me ajudam a resgatar uma parte perdida, escondida e reprimida de mim."

Eu realmente espero que, por meio do encontro com as suas sombras e a Deusa das Sombras, você tenha começado a resgatar, amar, assumir e aceitar todas as partes de si mesma. É aqui que a verdadeira cura acontece, que você finalmente começa a abraçar a Deusa interior por completo. Agora, vamos ascender e levar tudo o que você aprendeu a respeito de si no submundo, e usar isso para resgatar suas emoções e intuição.

PARTE 3

A ASCENSÃO

Agora que passamos pelas profundezas
do submundo, o único caminho é para cima!
Trazendo consigo tudo o que aprendeu nesta jornada,
você pode começar a ascender em direção a
quem você veio ser. Está na hora de relembrar
e resgatar a sua Deusa interior e de começar
a se tornar a versão mais empoderada de si!

“Dentro de você estão as respostas para todas as perguntas e a solução de todos os problemas.”

Capítulo 8

RESGATE AS SUAS EMOÇÕES E A SUA INTUIÇÃO

Nossa jornada pelo Caminho da Deusa agora nos leva até suas emoções e intuição, sendo ambos superpoderes do sagrado feminino e maneiras por meio das quais a Deusa vai se comunicar e infundir a sabedoria feminina dela em você. Elas são o seu GPS interior e, quando puder aprender a acessá-las, confiar nelas e segui-las, você terá um mapa para a vida.

Acolhendo as suas emoções

Vamos começar com as suas emoções, pois é apenas por meio delas que você ganhará acesso à sua intuição e aos seus conhecimentos mais profundos. Nossas emoções são como mensageiros, sinalizações; trazem consigo compreensões e informações poderosíssimas e são algo a ser honrado e aceito, em vez de suprimido e negado.

Na verdade, é ao negar e suprimir as emoções que se origina a maioria dos nossos problemas em relação a um autoconhecimento real. Pois, ao negá-las, negamos a expressão e fluxo da Deusa, negamos a nós mesmas.

Podemos falar que queremos ser capazes de confiar na nossa intuição ou de ter acesso a uma sabedoria e conhecimento profundos, mas a verdade é que, todas as vezes que evitamos, negamos ou damos as costas para uma emoção, evitamos, negamos e damos as costas para o profundo poço de conhecimento dentro de nós — nosso GPS.

Conforme vamos aprendendo a conviver com as emoções, principalmente com as desconfortáveis, e a existirmos com elas, a ouvi-las, senti-las, expressá-las e movê-las por nosso ser, começamos a acessar a sabedoria interior que muitas vezes fica presa e ignorada sob camadas de antigas emoções suprimidas.

Um dos principais problemas com o sentir das emoções, em especial em nosso mundo moderno, espiritual e manifestador, é termos sido ensinadas que é "bom" sentir-se feliz, grata, abundante, alegre ou animada, e que é "ruim" sentir-se triste, brava, sozinha, sobrecarregada ou perdida. Isso tudo foi ainda mais agravado pelo mundo masculino ao redor, que francamente se sente aterrorizado diante do poder das emoções femininas e por isso nos ensina a conter nossos sentimentos, a suprimir, negar e afastá-los, seguindo em frente como se nada tivesse acontecido. Somos ensinadas a temer a profundidade das nossas emoções.

No entanto, a verdade está justamente em muitas das nossas emoções mais profundas e sombrias, já que elas mostram onde estamos desequilibradas na vida, onde estamos contrariando nossos valores, deixando de honrar a nós mesmas e ao nosso valor, e mostrando do que precisa da nossa atenção e o que requer mudança.

Vimos como resgatar nossos fundos do poço quando conhecemos a Deusa das Sombras na Parte 2. De maneira similar, são as emoções mais dolorosas que surgem para chamar sua atenção, e é só quando o luto profundo, a solidão ou a ira chegam que não conseguimos mais ignorar o que temos evitado.

Eu sei que, às vezes, pode ser difícil lidar com o que está sentindo, porque, com isso, vem a admissão de que algo não está certo e a constatação de que você precisa mudar alguma coisa, de que você precisa ir embora ou fazer algo desconfortável que preferiria não enfrentar. Mas são esses os momentos nos quais você pode recuperar seu poder e acessar a totalidade da orientação da sua Deusa interior.

A Deusa nos ensina a nos conectar com o poder do mundo das emoções e a permitir que elas fluam por nós. Assim como a lua acolhe seu próprio ir e vir — que é de onde a maior parte do poder dela provém —, a Deusa quer que você acesse o poder do seu mundo emocional, permitindo que as emoções fluam para que possa sentir a sabedoria delas, expressá-las e, então, deixá-las partir.

Muitos dos nossos problemas com as emoções surgem por não conseguirmos expressá-las, principalmente emoções como a raiva. A nós, mulheres, foi ensinado que boas garotas não devem sentir raiva e, portanto, quando a sentimos, temos a tendência de entrar em pânico, engolir tudo e tentar evitá-la. Mas o que acontece, então, é que isso apodrece dentro de nós e tende a surgir em uma explosão de ira.

A raiva, na verdade, é uma emoção bonita, pois mostra a você onde um limite foi ultrapassado ou onde aconteceu alguma coisa que a incomodou. É uma resposta adaptativa a algo que sentimos ser uma ameaça. Se puder aprender a senti-la e expressá-la quando ela surge, isso a ajudará a ser assertiva, a compartilhar sua verdade, a expressar necessidades, a reconhecer seu valor e a usar a sabedoria e a orientação por trás dessa emoção.

Vamos descobrir algumas maneiras para começar a conhecer e a acolher as emoções. Talvez você queira começar aqui tirando um tempinho para, com gentileza, analisar se você se permite sentir suas emoções e se há alguma emoção da qual tem medo e o motivo disso, ou ainda onde sente que suprimiu emoções no passado e por quê.

Rituais de resgate

Escute as suas emoções

Um hábito bonito de se adquirir é a prática diária de colocar as mãos no coração, fechar os olhos e permitir voltar-se ao seu interior e sentir. O que geralmente acontece nessa situação é que uma pequena bolha de tristeza ou raiva surge e, porque não aguentamos coexistir com tal desconforto, entramos em pânico, abrimos os olhos, fingimos que nada aconteceu e seguimos em frente com o dia. Ou então questionamos o motivo de estarmos nos sentindo assim e listamos todas as mais diversas razões pelas quais não deveríamos sentir tristeza nem raiva e, fazendo isso, invalidamos e abandonamos a nós mesmas e a nossas emoções.

Como mencionado antes, geralmente só queremos sentir coisas boas, mas não é possível selecionar o que sentir. Você não pode sentir alegria, felicidade e gratidão sem também sentir tristeza, solidão e dor. É preciso sentir a totalidade das emoções, e é ao testemunhar todas elas que a alquimia emocional acontece e você pode começar a buscar sabedoria no que está sentindo. Então, tente apenas observar suas emoções, sem conectar histórias a elas nem julgar ou questionar o que está sentindo.

Permita que as emoções surjam, e dê nomes a elas se puder. É importante lembrar-se de dizer “Eu sinto”, em vez de “Eu sou”.

Você não é as suas emoções; elas servem simplesmente como mensageiros de passagem. Por exemplo: "Eu me sinto triste" — então permita-se existir na tristeza por um momento, sem tentar afastá-la. Veja se ela não tem uma mensagem para você ou se só quer ser vista e libertada.

Você talvez note que, quando a tristeza tiver ido embora, uma pequena bolha de felicidade surge e, então, um pouquinho de dor, um pouquinho de alegria; apenas continue observando e permitindo que as emoções fluam.

Se não se permite sentir emoções há um tempo, talvez agora esteja sentindo e libertando algo que esteve preso dentro de si por um bom tempo, e, por isso, talvez você se depare com muitas emoções que não foram sentidas anteriormente e que estão aparecendo para serem sentidas e libertadas. No começo apenas coexista com o que estiver presente, sem precisar compreendê-las ou saber de onde elas vieram. Demore-se no processo e nas emoções que parecem querer surgir. Quanto mais aprender a se conhecer e a confiar em si, mais rápida e facilmente as emoções fluirão por você.

Assim que tiver se acostumado com a prática do sentir, talvez comece a conversar gentilmente com as próprias emoções, notando o que têm para compartilhar e o que elas querem que você saiba. Dê voz a elas e ouça sua sabedoria. Isso não é apenas um belo treino de autoconsciência e autoconhecimento, mas de autoconfiança e autocuidado. Enquanto se mantém firme por meio das emoções difíceis, você começa a aprender que pode confiar em si mesma para estar ao seu lado e para não se abandonar nem partir quando as coisas ficarem complicadas.

Eu tenho o costume de acalmar a mim mesma quando me deparo com uma emoção intensa. Coloco os braços ao meu redor ou, com gentileza, acaricio meu coração e, quando sinto que ele está magoado, digo a mim mesma que estou aqui, que posso contar comigo. Em outras vezes, especialmente se o coração parece entorpecido ou solitário, sussurro "Estou aqui. Estou escutando" e me permito saber que é seguro sentir.

Expresse as suas emoções

Quando não nos permitimos sentir nem expressar emoções, elas ficam presas, estagnadas e guardadas em nosso corpo — todas nós provavelmente já ouvimos a expressão "bagagem emocional" e talvez todas saibamos como é carregar dor, ressentimento e raiva por aí.

Deixar que essas emoções se movam e sejam expressas por você a ajuda a processar e integrá-las — e, então, liberá-las, a fim de que não mais continuem reprimidas. Para fazer isso, encontre um lugar seguro, permita-se sentir a emoção e deixe que ela se mova por você. Se estiver se sentindo triste, como a sua tristeza se moveria? Como a raiva, a felicidade, a sensualidade ou a inveja se moveriam? Pode ser com o balançar do corpo, com ir para a frente e vir para trás, o bater dos pés, ou, se houver muita emoção acumulada, socar almofadas pode ser algo muitíssimo bom. Veja se consegue se desapegar e permitir que a emoção se expresse por inteiro, através de você.

Descobri que a música ajuda muito a invocar a Deusa também, e sou conhecida por dançar com raiva, bater as mãos e os pés, e chorar até soluçar no chão (às vezes, tudo isso na mesma sessão!).

Principalmente nós mulheres somos ensinadas há tanto tempo a nos silenciarmos, que costumamos ter problema em usar nossa voz. Permita-se resmungar, suspirar, gemer, uivar e gritar, assim como a expressar as emoções guturais que querem ser liberadas. Também tente se remexer. Essa é uma prática muito poderosa para ajudar a liberar tensões, energias e emoções. No mundo animal, é uma resposta natural sacudir-se para afastar a sensação de ameaça e liberar a energia do medo, da luta, do fugir ou ficar paralisado, e podemos fazer a mesma coisa. Você pode começar sacudindo as mãos, então os braços, depois os pés e as pernas. Em seguida, permita que o corpo todo se sacuda de todas as maneiras que quiser, enquanto visualiza que está sacudindo e se livrando de tudo aquilo de que não precisa mais.

Talvez você também possa tentar expressar as emoções através da criação. Em vez de guardar tudo dentro de si e deixar que a consumam, intencionalmente desenhe, dance, pinte, escreva ou cante a respeito delas. Permita que as emoções sejam expressas e use-as para ajudá-la a se conectar de maneira ainda mais profunda com a criatividade e as maneiras por meio das quais a Deusa quer se mover e fluir por você.

INVOQUE A DEUSA

Invoque **Ártemis** para incorporar e acolher as suas emoções. Sendo uma Deusa da lua, ela nos ensina que, assim como o astro, nossas emoções e energias oscilam naturalmente. Não seremos as mesmas pessoas todos os dias nem deveríamos desejar ser. Ela a lembrará da sabedoria contida em suas emoções e lembrará que estas não são fraquezas, mas mensageiras poderosas a serem honradas e exploradas.

Chame-a para ajudá-la a cultivar uma conexão mais profunda com as emoções e com o que elas querem dizer a você. Como uma Deusa da natureza e das coisas selvagens, Ártemis, ao lhe mostrar que há sabedoria em sua selvageria, a auxiliará especialmente a aceitar e a expressar as emoções primitivas mais profundas que você talvez tente esconder.

Alinhando-se com a sua intuição

Uma das coisas sobre a qual mais me perguntam é o que é intuição e como acessá-la, e qual é a diferença entre a intuição e a mente — então vamos começar com isso.

A voz da sua mente é alta, insistente e, muitas vezes, confusa, e fica mudando de ideia, apresentando argumentos para os dois lados da moeda; vai de uma coisa à outra, sim e não, isso ou aquilo. Usa muitas palavras e faz muitas perguntas. Duvida de tudo e, às vezes, pode ser crítica e movida pelo medo, fazendo com que você se sinta ainda mais insegura.

A voz da intuição vem de um lugar um pouco mais profundo dentro de você. É baixa, calma, clara e geralmente usa apenas uma palavra. É um sentimento, um saber, uma certeza. No entanto, leva tempo para se acostumar a ouvi-la e a confiar nessa presença interior e sábia, onisciente e amorosa, pois nos ensinaram que intuição é bobagem e que, se algo não puder ser discutido e compreendido com a mente lógica, então não é verdadeiro nem real.

Resgatar o poder da intuição é um dos momentos mais transformadores da vida ao longo do Caminho da Deusa, e começa ao percebermos que a intuição, na maioria das vezes, não vai fazer sentido algum para a mente racional. Tanto que, ao longo dos últimos anos, comecei a viver pela crença de que, quanto menos sentido lógico fizer, mais sei que devo fazer o que ouvi. É isso que significa começar a viver no ritmo feminino.

Por exemplo, há alguns meses tive a oportunidade de me mudar para uma parte diferente do país, o que significava sair de Londres, que foi meu lar por dez anos. O imóvel que me ofereceram estava à venda, então seria algo temporário e sem garantias de por quanto tempo eu poderia ficar lá antes de ser vendido. Porém, algo dentro de mim simplesmente disse "sim". Apesar de não fazer sentido algum abandonar minha vida toda por um capricho não permanente, não consegui deixar de lado aquele "sim" que me pareceu profundamente intuitivo. Então, falei "sim" e avisei que sairia do meu apartamento em Londres sem sequer dar uma olhada no lugar para o qual eu estava me mudando. Pareceu-me o certo. E, desde que me mudei para cá, tenho me sentido mais feliz e completa do que me sentia há muito tempo. Estou vivendo, com confiança e entrega total, uma linda aventura nesta vida com a Deusa, confiando que estou exatamente onde deveria estar e que o restante da jornada se revelará da maneira como estiver destinada a ser.

Porque o feminino não é lógico, não é tabela nem matemática. É aquele saber profundo e interior, a sabedoria corporal, o sentir e o fluir. Quando passamos a confiar nisso e permitir que a Deusa nos guie por meio da intuição, a vida se torna ainda mais mágica.

Tudo começa conosco seguindo pequenos cutucões, como ligar ou mandar uma mensagem para alguém que vive aparecendo na sua cabeça, ou confiar naquela coisinha que lhe diz para falar "sim" (ou "não") a um convite, ou pegar um atalho, ou fazer uma viagem espontânea no fim de semana, ou compartilhar em voz alta a ideia na qual anda pensando.

Quanto mais você aprende a confiar em si mesma e na sua intuição, mais a Deusa falará com você e pedirá para que dê votos de confiança maiores ao usar a intuição na hora de tomar decisões de vida ainda mais importantes.

Vejo a intuição como a maneira pela qual a Deusa nos guia em direção à pessoa que viemos aqui para ser, indicando o caminho pelo qual nossa alma quer nos levar para podermos vivenciar, aprender e evoluir de todas as formas que nos estão destinadas. Falando nisso, uma das outras razões pelas quais tendemos a ignorar a intuição é porque ela geralmente nos diz coisas que não queremos ouvir. A sua intuição é aquela voz baixinha que diz "vá" quando, lá no fundo, você sabe que um trabalho ou um relacionamento passou da validade, mas está com medo e tentando se convencer a ficar.

A Deusa sabe o que é melhor para você, e a desafiará a ir além das dúvidas e dos medos para que escute e confie na sua intuição — isso faz parte do seu crescimento e do processo de começar a entrelaçar sua vida com a Deusa. Ela quer você em todo seu potencial e poder, e parecerá que há uma comichão profunda lhe dizendo que algo não está certo.

Agora vamos dar uma olhada em algumas maneiras para começar a resgatar e a dar ouvidos à sua intuição e sabedoria interior.

Ritual de resgate

Comece refletindo sobre experiências passadas que você teve com a sua intuição. Não raro aprendemos a confiar nela quando olhamos para trás e analisamos as vezes em que a seguimos ou não. Lembre-se de uma situação na qual não deu ouvidos ao pequeno incômodo interior que sentia: qual foi o resultado? Então lembre-se de uma situação em que deu ouvidos ao pequeno incômodo interior, mesmo se não fazia sentido algum: qual foi o resultado?

Como falamos algumas vezes ao longo deste livro, a sabedoria feminina da intuição e do saber vive no corpo, não na mente. Quando você tem a sensação de que realmente sabe de algo, geralmente sente isso bem fundo na barriga ou na região do útero. Até falamos algo como "Estou sentindo lá no fundo" ao comentarmos sobre algo que sabemos ser verdade. Por isso, comece a voltar a dar ouvidos à sabedoria do seu corpo. Sempre que se pegar tentando pensar para encontrar uma solução ou ruminando mentalmente, tente, em vez disso, deixar de focar a mente e passar a focar o corpo.

Fique em silêncio, parada, e escute a sua sabedoria interior. Navegue sob o barulho da mente, indo em direção ao poço de sabedoria interior. Eu de fato acredito que dentro de você estão as respostas para todas as perguntas e a solução de todos os problemas, mas, em geral, acontece de buscarmos por isso nos lugares errados. Olhe para dentro de si e *sinta* as respostas em seu interior. Comece a notar, com o passar do tempo, onde e como sua intuição se faz presente para você — será que é uma sensação bem fundo na região do útero, um "sim" de corpo inteiro, um empurrãozinho constante lá dentro ou uma sensação de algo espiralando na barriga?

O próximo passo para resgatar sua intuição é seguir aquilo que lhe está sendo mostrado para que você possa vivenciar a vida guiada pela intuição. Não importa o quão bem aprenda a ouvi-la, isso não fará qualquer diferença se não agir com relação ao que está ouvindo. Comece com coisas pequenas para ir ganhando confiança, talvez simplesmente ligando para alguém quando pensar neles ou dando ouvidos a um impulso para ir a algum lugar. Quanto mais seguir e confiar na sua intuição, mais ela falará com você. Se aquela voz baixinha lhe disser para se levantar no meio do dia, levante-se. Se lhe disser para atravessar a rua, atravesse. No instante em que sentir um impulso ou incômodo, tome uma atitude. Preste atenção se não começa a pensar demais a respeito de algo ou a questionar o que está acontecendo (esse seria o ego) e, em vez disso, apenas siga o que estiver sentindo.

Além do mais, eu sigo a regra do três: se eu escutar a respeito de um lugar três vezes, vou até lá; de um livro três vezes, eu o leio. Sempre que algo se apresenta a mim três vezes, dou ouvidos, confio e sigo a orientação. Foi assim que acabei indo morar no meu último apartamento em Londres, e a história por trás disso é um tanto mágica.

Eu tinha, mais uma vez sem pensar muito, avisado que me mudaria, confiando que a Deusa me guiaria até aonde eu estava destinada a ir em seguida, mas, com apenas poucos dias restando para me mudar de onde eu morava, eu estava começando a ficar sem tempo. Em dois dias, três pessoas mencionaram Notting Hill para mim, então fiz uma pesquisa por apartamentos na região e me apaixonei pelo primeiro que apareceu. Demonstrei interesse, mas recebi a notícia de que não estava mais disponível, então pensei com tristeza que não era para ser. Minutos mais tarde, recebi outra ligação dizendo que, na verdade, o lugar ainda estava disponível. Não perdi tempo e fui visitá-lo, aluguei-o e me mudei de mala e cuia poucos dias depois, e por três anos tive uma vida feliz lá. A vida é muitíssimo mágica quando aprendemos a ouvir, a seguir os sinais e a confiar.

Falando em sinais, procure por eles, pois são uma das maneiras pelas quais a Deusa começará a falar com você por meio do mundo ao seu redor. Podem ser padrões de números que se repetem, outdoors que lhe dão uma resposta para a pergunta que acabou de fazer, sincronicidades ou visões em sonhos. Tenha consciência ao seguir esses sinais e não caia na armadilha de sempre procurar um sinal ainda mais forte! Da mesma maneira que duvidamos da nossa intuição, muitas vezes pediremos alguma orientação, receberemos um sinal e então pediremos por mais um sinal, ou por outro maior ou um mais óbvio. Comece a seguir os sinais, e eles a conectarão com camadas ainda mais profundas de intuição.

Por fim, certifique-se de celebrar quando seguir a sua intuição e algo acontecer. É assim que vai realmente aprender a começar a confiar nela. Tenha um diário de intuições — anote as vezes em que recebeu sinais ou mensagens e os seguiu, assim como as vezes em que não confiou nisso nem seguiu a sua intuição. A intuição é como um músculo, e é preciso continuar fortalecendo-a.

Observação: Muitas vezes, confundimos animação com medo, já que os dois causam sensações parecidas no corpo. Quando estamos prestes a seguir nossa intuição em direção a algo ousado e desconhecido, dizemos a nós mesmas que estamos com medo, que isso não deve estar certo e que, portanto, não devemos fazê-lo. Mas nunca realmente haverá qualquer mudança em sua vida sem um pouco de medo, porque, como humanos, estamos programados para resistir a mudanças. E mais: se não houver qualquer medo envolvido em seguir a sua intuição, ou se fazer uma mudança for fácil, não haverá crescimento, aprendizado, evolução, confiança e nenhuma necessidade de sair da zona de conforto — e isso é o que a sua intuição geralmente *quer* que você faça, encorajando-a a seguir em direção a tudo que espera por você do outro lado das dúvidas e medos da sua mente humana.

Seguir a intuição significa não deixar que quaisquer dúvidas ou medos a prendam no lugar e, com o passar do tempo, encontrar confiança e fé o bastante em si mesma, na Deusa, na sua alma e no universo ao ponto de saber que pode segui-la, mesmo se isso lhe parecer assustador ou incerto. Você começará a acreditar no que está ouvindo, a acreditar no seu conhecimento interior e intuição, encontrando fé no fato de que realmente tem todas as respostas dentro de si.

INVOQUE A DEUSA

Invoque **Sarasvati** para ajudá-la a se conectar, ouvir e conhecer sua intuição e sabedoria. Seu nome significa "aquela que flui", e ela ajudará você a acessar o saber profundo que quer fluir de dentro e por meio de você. Ela a lembrará de que todas as respostas que você busca já estão dentro de si e lhe dirá que a sabedoria pela qual está procurando fica além das palavras ou do pensamento lógico e racional — é uma sensação, um impulso, um fluir.

Ela a ajudará a começar a se integrar e a fluir em sua vida seguindo seu próprio GPS interior, reconhecendo com facilidade a diferença entre a intuição e a voz das dúvidas e medos. Ela a conectará com o fluxo intuitivo que já habita em você.

Observação: Anteriormente, contei a história de como me ofereceram um lugar para morar que me tirou de Londres, mas que estava à venda. Bem, quando faltavam dois dias para eu entregar este livro, a "pior coisa de todas" aconteceu, e me disseram que o lugar tinha sido vendido.

O meu eu humano entrou em pânico. Eu estava não apenas sob uma pressão enorme para terminar o livro, como também teria que sair de onde estava morando — um lugar que amava — e encontrar outro lugar para onde ir. Foi muita coisa, e desmoronei um pouquinho, sob tamanha pressão.

No entanto, percebi que era uma chance para colocar em prática o que eu defendia, fazer o que eu pregava, viver de acordo com as minhas crenças e verdade, a confiar e me entregar por completo ao universo e à Deusa. Fui à natureza e a invoquei para que, por favor, me ajudasse, me guiasse, me mostrasse o caminho. Rezei, dei permissão às minhas emoções e me apoiei ainda mais na confiança. E soube que, de alguma forma, tudo ficaria bem.

Decidi terminar o livro e só então pensar na questão da moradia. Naquele mesmo dia, minha melhor amiga me encaminhou um lugar, mais para me tranquilizar, como se quisesse mostrar que havia outras opções por aí. Algo me incomodou durante todo aquele dia, então pensei que, mesmo que eu não devesse estar me dedicando a nada mais além do livro, não haveria problema algum em mostrar interesse, então foi o que fiz.

Recebi uma resposta dizendo que tinham acabado de fechar negócio com alguém, mas que me avisariam se a situação mudasse. Eu me entreguei ainda mais à minha confiança (e às emoções, sendo bem sincera) e, naquela noite, recebi uma mensagem dizendo que o imóvel voltara a estar disponível caso eu tivesse interesse.

Fui até o local dar uma olhada e amei — os donos eram incríveis, e realmente senti que esse era o próximo passo na minha jornada na Terra e que era ali que a Deusa precisava que eu estivesse. Tudo está se desenrolando como deve ser, e estou confiando, sendo levada e permitindo que tudo aconteça. É assim que o universo e a Deusa cuidam de nós quando confiamos neles.

O mais mágico nessa história toda é que, depois de terem me dito que o imóvel onde eu morava havia sido vendido, fui dar uma volta perto do lugar ao final da tarde e um cervo cruzou o meu caminho. Isso me pareceu um sinal; assim que cheguei em casa, pesquisei o que o animal significava: "A aparição do Espírito do cervo em sua vida é como a de um professor que a ensina a ser gentil, determinada e a ter certeza, mesmo em situações difíceis." Os cervos também têm uma conexão forte com o chacra cardíaco, o que me pareceu ser uma linda afirmação para que eu fosse gentil comigo mesma, que confiasse e mantivesse o coração aberto.

Na manhã seguinte, a caminho da floresta, três cervos cruzaram o meu caminho — mal consegui acreditar que estava testemunhando aqueles mensageiros outra vez. Então, quando fui dar uma olhada no meu novo lar, a senhoria começou a me contar detalhes a respeito das lindas trilhas pela floresta ao redor da casa e me disse: "Até vi seis cervos enquanto caminhava outro dia." O cervo tinha aparecido para mim pela terceira vez e, naquele momento, eu soube que me mudaria para o imóvel. Disse "sim" sem hesitar.

AFIRMAÇÕES PARA RESGATAR A SUA INTUIÇÃO

- "Eu confio na minha intuição e no meu saber mais profundo."
- "Eu escuto. Eu ajo de acordo com as orientações. Eu confio."
- "Eu confio cada dia mais na minha intuição."
- "Tudo de que preciso já está dentro de mim."
- "Eu sou sábia, intuitiva e onisciente."
- "A Deusa fala por meio da minha intuição."
- "Eu sigo o meu próprio GPS interno."

Espero que, nesta etapa da sua jornada, você esteja começando a se conhecer, a confiar muito mais em si mesma e a permitir que a Deusa e a sua intuição a guiem na direção de ainda mais magia e significado em sua vida. Agora vamos usar esse direcionamento interno para descobrir e resgatar a sua verdade.

"Falar a sua verdade significa compartilhar-se de maneira autêntica e verdadeira, do fundo do coração, sem hesitação, censura ou temor."

Capítulo 9

RESGATE A SUA VERDADE

Estamos agora na etapa da nossa jornada em que resgataremos a sua verdade. Chegou o momento de ser brutalmente real, sincera e vulnerável consigo mesma, e ver o que precisa ver, ouvir o que precisa ouvir e saber do que você precisa saber. Se estiver pronta, vamos começar.

A verdade sobre o que precisa ser transformado

Depois de tudo que você vivenciou até agora e de ter se conhecido melhor nas sombras, está na hora de enfrentar a verdade sobre o que não está mais funcionando na sua vida e o que precisa ser transformado.

Falamos de mudanças no último capítulo e de como são quase impossíveis de acontecer sem sentirmos algum tipo de medo. Sei que mudanças nos assustam e que geralmente pode parecer mais fácil ficar na zona de conforto e evitar qualquer transformação, mas isso não seria viver, seria existir — e a Deusa quer que você viva.

Então, quais provocações intuitivas você tem evitado? A que tem resistido? Onde precisa encarar a verdade? Pois apenas a verdade a libertará.

Uma das primeiras maneiras de criarmos mudanças é aceitando nosso papel naquilo que não está funcionando em nossa vida — algo que, eu sei, pode ser difícil. Mas, enquanto continuarmos culpando outra pessoa pelo fato de estarmos infelizes, ou de não conseguirmos o que queremos, ou ainda de sermos incapazes de seguir em frente, teremos de esperar que tal pessoa ou situação mude antes de nós.

Assim que aceitar a sua responsabilidade total pelo seu papel nisso tudo, você resgatará o seu poder da situação e o seu poder para mudá-la. Por exemplo, talvez tenha se sentido infeliz em seu relacionamento, pois o seu parceiro não a valoriza nem a trata da maneira que você quer ser tratada. Dessa forma, está sempre se sentindo triste e não se sentindo bem consigo mesma, além de passar um bom tempo pensando: "Se ele fosse mais legal comigo, então eu poderia ser feliz." Ou: "Se ele mudasse, então o relacionamento poderia ser bom." Provavelmente você seria capaz de se sentar e listar cem coisas que ele fez errado e todas as maneiras como o comportamento dele afeta a sua vida, questionando todos os motivos pelos quais ele não é mais gentil, mais amoroso, mais carinhoso, ou por que simplesmente não lhe dá aquilo de que você precisa.

No entanto, a única pergunta que você realmente precisa fazer é: "Por que eu continuo aqui?" Será que é porque, lá no fundo, você não acredita que merece algo melhor, ou tem medo de ir embora, ou se preocupa com a possibilidade de não conseguir conhecer outra pessoa? Assim que aceitar a responsabilidade pelo seu papel de permitir que seja tratada assim, aceitando e se conformando com pouco, você poderá retomar o poder e começar a fazer as mudanças necessárias dentro de si para saber o que realmente merece e pedir pelo que quer. A pessoa em questão será capaz de dar isso a você ou não, e, a esta altura, você terá reencontrado parte suficiente do seu valor e poder interiores para conseguir se afastar, em vez de continuar no mesmo lugar e se conformar com pouco.

Talvez aqui valha a pena lembrar algo que conversamos no Capítulo 3: as pessoas se afastarão conforme você embarcar em uma jornada espiritual de autodescoberta — é uma verdade triste, mas inevitável. Ao passo que for mudando, crescendo e evoluindo, você não vai mais ressoar com certas pessoas nem terá mais muito em comum com elas. A sua mudança será como um gatilho para certas reações em outras pessoas, principalmente aquelas que se beneficiariam caso você continuasse a mesma. E mais: isso evidenciará para os outros onde eles estão estagnados nas próprias vidas, então prefeririam que você continuasse estagnada com eles, em vez de se libertar e mostrar que a mudança é possível, sobretudo quando não estão prontos para verem isso. Portanto, se notar pessoas saindo da sua vida, lamente a perda, mas, por favor, não use isso como desculpa para voltar a se encolher e ser algo menor do que realmente é. A partida dos outros criará espaço para que novas pessoas cheguem — pessoas que estarão alinhadas com quem você está se tornando e que a conhecerão como a Deusa que você é.

Ritual de resgate

Eu gostaria que você tirasse um tempinho para refletir a respeito de como já mudou ao longo da nossa jornada, de como, talvez, já não seja mais a mesma pessoa de apenas algumas semanas ou meses atrás e de como agora você quer, precisa e deseja algo diferente na vida. Talvez não queira mais continuar aceitando aquilo que tinha o costume de aceitar, nem permitindo o que tinha o costume de permitir, ou ainda fazendo o que tinha o costume de fazer. Seja sincera sobre o que precisa mudar em sua vida. Isso não significa que vá precisar fazer todas as mudanças de uma só vez, mas ser sincera sobre o que não está funcionando será seu primeiro passo corajoso.

Agora, dê uma olhada em qual papel você talvez tenha tido nisso tudo e em quais mudanças pode começar a fazer enquanto segue adiante pelo Caminho da Deusa.

A verdade sobre as suas sabotagens

Agora também é a hora de ser sincera consigo mesma quanto às maneiras como você se autossabota e se mantém presa ao mesmo lugar, impedindo que cresça e se transforme na Deusa que você é. A autossabotagem ocorre quando, consciente ou inconscientemente, fazemos (ou não) coisas que nos impedem de obter sucesso, felicidade, amor e propósito. Isso costuma derivar do medo do sucesso, da falta de autoestima, da síndrome da impostora, da preocupação exagerada quanto ao que os outros talvez pensem ou digam, ou ainda das tentativas de evitar emoções difíceis ou dores. Assim como nossas sombras, nossas tendências sabotadoras podem ser sorrateiras — de fato, tão sorrateiras, que talvez nem sequer as notemos até começarmos a observar os mesmos padrões se repetindo várias vezes em nossa vida.

Pode ser que você tenha se atrasado para se candidatar a uma promoção, pois temia que não seria boa o suficiente para a vaga de qualquer maneira, ou que, por outro lado, significaria aceitar uma nova responsabilidade, ser superior em relação aos colegas ou se permitir ser mais vista. Você talvez queira um novo relacionamento, mas, lá no fundo, tema ser vulnerável, se machucar ou ser abandonada, então está sempre se deparando com sinais de alerta que, na verdade, não existem ou escolhendo pessoas que continuarão revivendo os mesmos papéis em suas histórias e dramas românticos. Ao fazer isso, você cria uma profecia autorrealizável e continua podendo contar a si mesma a história de que relacionamentos não dão certo ou que um parceiro bom não existe.

Ou ainda o meu preferido: a procrastinação. Sou incrivelmente brilhante nela. Todos os livros que escrevi na vida deixei para bem perto do prazo de entrega, incluindo este. Posso dizer a você que é porque eu trabalho melhor sob pressão — e até tem certa verdade nisso. Porém, cá entre nós, sendo bem sincera, é porque tem uma parte de mim que morre de medo de decepcionar todas vocês e de não escrever um livro bom o bastante para ajudá-las como realmente desejo.

Ritual de resgate

Trabalhar com a lua pode ser muito poderoso para enxergar nossos padrões e comportamentos de autossabotagem. Na lua nova, o começo de um novíssimo ciclo lunar, defina o que você tem a intenção de conquistar, criar e manifestar na vida ao longo do próximo mês. Nas duas semanas seguintes, enquanto a Lua cresce e fica maior e mais brilhante no céu, na fase de exteriorização do ciclo lunar, permita-se (assim como ela) ser vista, brilhe e se exponha, fazendo tudo o que puder para que as suas intenções da lua nova se tornem realidade. Então, chegamos à lua cheia, que ilumina nossa vida e nos mostra o que realmente conquistamos e fizemos acontecer, e onde atrapalhamos nosso caminho. É aqui que você começa a notar que se deparará repetidas vezes com os mesmos comportamentos sabotadores (talvez em disfarces um pouquinho diferentes).

Você pode trabalhar com um ou dois ciclos lunares, sendo sincera quanto a quais são as suas sabotagens. Onde você diz que quer algo e, então, comporta-se de maneira totalmente diferente? Será que decide começar a se levantar mais cedo, antes de todo mundo da sua casa, para meditar e fazer os seus rituais da Deusa, mas acaba ficando acordada até muito tarde ao ponto de, na manhã seguinte, estar cansada e grogue, e então se convence de que não é uma pessoa matutina e de que rituais não funcionam para você? Ou será que define metas e expectativas irreais, ou até mesmo sonha pequeno, e pega-se sempre dando desculpas, dizendo que vai começar amanhã ou esperando até tudo estar perfeito?

Seja sincera a respeito de onde você se atrapalha e diminui a própria magia, poder e tudo que merece. Assim que tiver identificado suas sabotagens, veja se consegue enxergar onde elas se originaram e descobrir do que estão tentando protegê-la. Então busque maneiras pelas quais você possa começar a fazer pequenas mudanças para se ajudar a acreditar mais em si e a superar suas sabotagens.

Conhecendo a sua verdade

Chegamos a uma parte interessante do Caminho da Deusa, na qual você vai começar a resgatar a sua verdade individual. Quero iniciar esta seção dizendo que ninguém conhece a verdade absoluta nem todas as respostas até voltarmos "para lá", o lugar de onde a nossa alma veio — caso você acredite que exista um lugar assim.

Eu acredito, de verdade, que cada uma de nós é uma alma tendo uma experiência humana. Acredito que, antes de virmos à Terra, nossa alma se senta com os nossos guias e decide quais lições, desafios, situações e experiências enfrentaremos durante a vida, para nos ajudar a aprender, crescer e evoluir. E, ao final, voltamos para lá e revemos tudo pelo que passamos para decidirmos quais serão as nossas lições na próxima vida.

Parte da jornada espiritual e da Deusa é descobrir quais são as suas verdades, o que parece certo e o que ressoa com você. Isso fica mais fácil conforme você se conhece e passa a ter experiências divinas e espirituais em primeira mão. Pode ser muito confuso no começo — há Deusas e cristais, reiki e cura energética, magia lunar e astrologia, guias espirituais e regressão a vidas passadas, pessoas dizendo que o caminho é este e pessoas dizendo que o caminho é aquele; e eu sei que, se dependesse de mim, eu gostaria de fazer tudo. Fui de acreditar em uma coisa e então em outra, a me tornar uma curandeira com cristais, terapeuta de regressão, terapeuta de reiki, a trabalhar com guias e, então, Deusas e, depois, oráculos — listando apenas algumas coisas!

No entanto, com o tempo você aprende o que funciona para você e começa a estabelecer as próprias verdades interiores — um conjunto de crenças nas quais pode construir a fundação da sua vida, que faz tudo ser mais fácil e significativo. Você encontrará sua conexão individual com o sagrado feminino e a Deusa interior. Por isso, se algo que eu disse ao longo do livro não lhe pareceu certo, esse algo não é a sua verdade. Leve consigo o que lhe parecer bom e descarte o resto. Descobrir a própria verdade faz parte da sua jornada pelo Caminho da Deusa.

Também quero lembrá-la de tomar cuidado com quem você escuta. Você não aceitaria conselhos de relacionamento de uma amiga que está sempre solteira, ou conselhos de investimentos de alguém que está sempre falido. Todo mundo que dá conselhos faz isso com base na própria vida, experiências e coisas que acredita serem verdade. É aí que descobrir a *sua* verdade se torna valioso: você passa a confiar mais no próprio conhecimento, assim como a buscar menos conselhos e validação externa.

Quanto mais puder estabelecer suas crenças e verdades, mais conseguirá se manter firme em seu poder divino e conhecimento interiores. Quando comecei minha jornada espiritual, há mais de vinte anos, eu queria que todos soubessem e acreditassem no que eu sabia e acreditava. Em parte, vinha de um lugar cheio de boas intenções, pois isso tudo estava transformando tanto a minha vida, que eu queria ajudar os outros a transformarem a deles da mesma forma. Mas, já que estamos sendo sinceras aqui, na verdade era porque eu não acreditava por completo naquilo e, se outros acreditassem, tudo passaria a ser real de algum jeito, e eu teria permissão para acreditar também. Eu precisava da validação externa, já que minhas crenças não eram fortes o bastante.

Hoje, depois de estar nesse caminho há décadas, conheço minhas crenças e verdades do fundo da alma. Acredito nelas de todo o coração; sinto nos ossos que elas são reais. Não importa quem mais acredite nelas — elas são as minhas verdades; são verdadeiras para mim e me ajudam a me expressar como realmente sou e a ter uma vida feliz, satisfatória e com propósito. Agora posso ser questionada a respeito das minhas crenças, saber que outras pessoas duvidam delas e não desmoronar. Eu me mantenho firme na minha verdade e no meu conhecimento.

Ritual de resgate

Tire um tempinho para realmente sentir quais são as suas verdades, agora que conhece a si e a Deusa de maneira muito mais profunda. Qual é o seu relacionamento com a Deusa, o que ela ensinou a você? Qual é o seu relacionamento consigo, o que você aprendeu sobre si? Você acredita em almas, vidas passadas, guias espirituais, que tudo acontece por uma razão, cura energética e assim por diante?

As suas respostas não precisam ser absolutas e suas crenças não precisam ser eternas — isso tudo pode mudar conforme você for aprofundado o seu relacionamento consigo, sua alma e a Deusa, e conforme for aprendendo, crescendo e evoluindo ainda mais ao longo da jornada. No entanto, por ora, comece a gentilmente se questionar e a explorar o que você acredita ou sabe ser verdade nesta etapa do Caminho da Deusa.

Falando a sua verdade

Escutamos um bocado sobre falar nossa verdade, mas o que isso realmente significa? Para mim, isso tudo começa ao saber quem você é, o que valoriza, em que acredita e o que quer. Significa permanecer verdadeira a si mesma e não esconder o que sente por medo do que os outros possam pensar ou dizer. É ser capaz de se manter fiel às próprias opiniões, crenças e necessidades, e de falar abertamente a respeito delas. Falar a sua verdade significa compartilhar-se de maneira autêntica e verdadeira do fundo do coração, sem hesitação, censura ou temor.

Quanto mais for se conhecendo, mais fácil isso tudo fica. Conforme se mantiver fiel a si, não vai precisar mais se reprimir nem se esconder, e ganhará mais confiança ao ser você mesma em sua totalidade. Não é preciso mais viver uma mentira em qualquer área que seja da sua vida nem concordar com coisas com que você não concorda, ceder e se sacrificar para manter a paz; em vez disso, você tem a chance de ser real e autêntica e de deixar tudo que você é brilhar.

Quanto mais corajosa você for para falar sua verdade, mais conseguirá comunicar as suas necessidades, e não precisará mais ficar se sentindo decepcionada ou desiludida com a vida. Com frequência temos a ideia errada de que as pessoas deveriam saber o que queremos e do que precisamos, sobretudo as que nos amam, mas não podemos esperar que ninguém realmente saiba do que precisamos a não ser que digamos a elas — e falar a sua verdade a ajudará a fazer isso. Falar a sua verdade a ajudará a retomar seu poder para se expressar completa e autenticamente e a libertar-se para ser você por completo.

Ritual de resgate

Comece olhando para quaisquer áreas da sua vida ou pessoas ao seu redor com quem atualmente não se sente confortável para compartilhar sua verdade, e o porquê disso. Você se vê assentindo e concordando com certos membros da família, sobre coisas com as quais na verdade não concorda? Ou nunca se posiciona nem compartilha opiniões perto de certos amigos? Ou omite suas ideias e pontos de vista em reuniões de trabalho? Talvez você não deixe as suas necessidades claras no relacionamento, porque isso a faz economizar uma discussão. Então coloque em prática essa autoexpressão, falando um pouquinho de cada vez. Talvez você possa começar com pessoas menos conhecidas, que não têm opiniões preconcebidas ao seu respeito. Quanto mais você falar a sua verdade, mais empoderada se sentirá e mais inspirará e libertará os outros para que também usem o poder da própria voz.

INVOQUE A DEUSA

Kali é a Deusa hindu da mudança, do tempo, do empoderamento, da destruição, da morte e do renascimento. Uma força bruta e selvagem do poder feminino, ela ajudará você a se conhecer, se aceitar e se libertar para seguir a própria verdade de maneira destemida.

Kali é quem você vai querer ao lado quando souber que as coisas em sua vida precisam mudar, e às vezes ela fica sabendo disso muito antes de você, e criará instabilidades, transtornos e caos para fazê-la acordar e passar a prestar atenção.

Ela é uma força que não passa despercebida, e você a notará quando ela começar a integrar a dança selvagem e eufórica na sua vida; ela é uma força que traz mudança, liberação, verdade e transformação, e a sua vida nunca mais será a mesma depois que tiver caminhado com Kali.

Trazendo consigo um amor intenso e protetor, ela a ajudará a derrotar suas sabotagens, a se desapegar das crenças limitantes, das velhas estruturas e dos hábitos que a mantêm presa em sua zona de conforto, escondendo a sua verdade. Ela será o seu amparo quando você permitir que antigas versões suas padeçam para que você possa renascer em totalidade, verdade e presença, permitindo que toda a força vital feminina flua por você.

Ela exigirá que pare de se esconder e pare de esconder todo o seu eu dos outros, e que resgate sua expressão completa, descobrindo e despertando para a verdade interior e encontrando a coragem para compartilhar isso de maneira destemida com o mundo.

Aqui estão algumas formas para convidar a valente e poderosa Kali para sua vida:

Liberte o que não lhe servir mais

Faça uma cerimônia de libertação com Kali, na qual será sincera sobre o que na sua vida você precisa mudar, transformar e libertar. Podem ser relacionamentos, seu emprego ou uma versão sua que tem medo ou que a sabota. Você pode anotar e ler tudo em voz alta para Kali, e então queimar o papel de maneira segura enquanto sente o fogo da transformação da Deusa levar tudo embora consigo. Isso não significa que você necessariamente precisa fazer todas as mudanças de uma vez, mas, só de ter falado a verdade em voz alta e de isso ter sido testemunhado por Kali, já será muitíssimo empoderador. Se estiver pronta, peça para ela ajudá-la a fazer essas mudanças. E que as transformações comecem!

Deixe Kali falar por meio de você

Se estiver com medo de começar a falar sua verdade, peça para Kali falar por meio de você. Ela a ajudará a encontrar a própria voz e coragem para começar a usá-la, em especial quanto mais você falar sua verdade a ela. Conte à Deusa a respeito das suas sabotagens, dos medos mais profundos e sombrios, e do que, lá no fundo, sabe e acredita ser verdade. Deixe-a testemunhar o começo do seu processo de descoberta da alma. Conte-lhe tudo que ainda teme contar a qualquer outra pessoa e deixe que ela a ajude a encontrar, confiar e conhecer a verdade do seu ser. Então, quando chegar a hora de compartilhar sua voz com o mundo, canalize sua Kali interior e a escute rugir.

Dance a sua verdade com êxtase

Kali é com frequência representada em uma dança extasiada, caótica e frenética, quase sempre em cima de Shiva, o que indica que ela tem domínio sobre o processo da vida por meio de seus constantes ciclos de criação, vida e morte. Da mesma maneira, encontre o domínio sobre a sua vida. Escolha algumas músicas, toque-as bem alto e convide Kali para dançar com você. Dance a sua verdade, as suas sabotagens e as mudanças que quiser fazer. Conecte-se com seu âmago natural e primitivo e deixe que toda a verdade seja expressa por meio de dança e movimentos selvagens. Não contenha nada — dance sua verdade e sinta-a viva dentro de você até o último fio de cabelo.

Incorpore os arquétipos

A selvagem

Chame a sua selvagem interior para lhe trazer a coragem de ser você mesma por completo, de se manter firme em sua verdade. Sempre que estiver se reprimindo, sinta a selvagem mantendo-a em sua verdade.

A visionária

Permita que a sua visionária interior a ajude a explorar, descobrir e se conectar com a mais íntima das suas verdades, e então comece a criar o mundo ao seu redor a partir disso. Ela a ajudará a ver sua verdade com clareza e a criar quaisquer mudanças necessárias para manifestar sua visão.

Viva a sua verdade

Tente viver em sua verdade total por um dia inteiro. Viva de acordo com as suas crenças, valores, e seja radicalmente sincera consigo em todos os momentos do dia a respeito de todos os pensamentos, palavras e ações que tomar. Tente falar apenas a verdade ao longo do dia e realmente seja você mesma em sua versão mais verdadeira.

AFIRMAÇÕES PARA RESGATAR A SUA VERDADE

- “Eu abraço a mudança.”
- “É seguro expressar a minha verdade.”
- “Eu vivo uma vida autêntica.”
- “Eu sou livre para ser eu mesma.”
- “Minha verdade interior me guia.”
- “Eu falo a minha verdade.”

Espero que agora você possa ter clareza a respeito da sua verdade e autenticidade, e comece a compartilhar mais de si mesma com o mundo. A partir deste lugar de autoconhecimento, vamos dar uma olhada em como podemos resgatar o descanso e o recebimento.

"Está na hora de começar a desacelerar e a escutar, meu amor, e, ao fazer isso, resgatar o descanso e o recebimento, pois é assim que você realmente começará a encontrar e a conhecer a Deusa interior."

Capítulo 10

RESGATE O DESCANSO E O RECEBIMENTO

Vivemos em um mundo que nos diz que nosso valor equivale ao quanto "fazemos", o que nos leva a ter vidas nas quais estamos constantemente nos esforçando, lutando, nos dedicando e tentando, de alguma maneira, nos provar. Fomos levadas a acreditar que estarmos ocupadas é um sinal de sucesso, mas, se realmente quisermos conhecer e expressar o feminino, precisamos quebrar essa ilusão.

O masculino é a energia do "fazer"; o feminino é a do "ser" e do "receber". Não podemos conhecer a Deusa enquanto estivermos constantemente nos apressando por aí e ficando confusas e estressadas. Quando estamos sempre a postos, correndo para lá, para cá e para todos os lados, preenchendo com afazeres cada momento que passamos acordadas, perdemos contato não só com a voz profunda, interior e feminina da Deusa, como com nós mesmas. Está na hora de começar a desacelerar e a escutar, meu amor, e, ao fazer isso, resgatar o descanso e o recebimento, pois é assim que você realmente começará a encontrar e a conhecer a Deusa interior.

Renunciar a estar perpetuamente ocupada e desconectada do mundo interior, e resgatar e acolher o viver lento, o fluir e o tempo para assim se ouvir profunda e internamente, é um ato radical de amor-próprio. Este é o começo de uma jornada linda em direção a se conhecer e a conhecer a Deusa interior.

Resgate o descanso

Muitas de nós enfrentamos dificuldade para descansar, lidando com a voz em nossa cabeça que nos diz que deveríamos fazer algo a todo momento, nos levantando do sofá em um pulo quando ouvimos alguém chegando em casa, por medo de que nos peguem descansando e nos julguem como preguiçosas. Nós, de alguma forma, sentimos que precisamos "merecer" o descanso e só temos permissão de repousar quando chegamos ao ponto da exaustão absoluta, e, mesmo então, não conseguimos nos dar permissão completa para relaxar e nos desapegar. Vemos o descanso como um sinal de fraqueza e nos esforçamos demais, indo contra nossas flutuações emocionais e hormonais, e contra nossos níveis de energia variáveis, tentando provar que conseguimos continuar seguindo em frente e fazer tudo. Porém, ao fazermos isso, acabamos fazendo menos. Ignoramos os sinais de exaustão do nosso corpo e alma até nos atingirem com tanta força, que acabamos no chão.

É aqui que os descansos regulares se tornam poderosíssimos, transformadores e até revolucionários ao tirarmos um tempo para recarregar nossas energias da Deusa. Você nem sequer sonharia em ir em uma longa viagem com um tanque de gasolina vazio, tampouco começaria um dia importante com a bateria do celular acabando. Ainda assim, não raro fazemos isso conosco, continuando a exigir cada vez mais de nós mesmas mesmo quando não temos mais nada a oferecer.

Ritual de resgate

Se realmente quiser resgatar a Deusa interior, então comece resgatando o descanso regular. Uma das maneiras mais fáceis de fazer isso é passar a honrar ou seu próprio ciclo, ou o da lua. Os dias da lua minguante/lua nova e os dias da sua menstruação são os pontos mais baixos no quesito emocional e energético do ciclo, e nos dão permissão para escaparmos a fim de descansar, de nos retirarmos do mundo para dentro de nós.

As nossas ancestrais se reuniam na tenda vermelha nos dias da lua nova/menstruação para se honrarem, nutrirem, cuidarem de si e se darem tudo de que precisavam (vamos falar mais a respeito disso no próximo capítulo). Está na hora de resgatar a tenda vermelha e de se permitir descanso e rejuvenescimento profundos e frequentes.

Comece separando algumas horas, uma noite, um dia — o que você conseguir nos próximos dias — para se deliciar com um descanso e um autocuidado livre de culpa. Eu prometo que, se você se der esse tempo para descansar, isso fará de você uma mãe, amiga, filha, irmã e Deusa melhor pelo resto do mês.

Separe um tempo para também analisar seu relacionamento com o descanso. Você sente que é algo preguiçoso, fraco ou desnecessário? De onde essas narrativas vieram? Você testemunhou sua mãe nunca tirando um tempo para se sentar e sempre se sacrificando, ou escuta a voz de outra pessoa na sua cabeça lhe dizendo que "deveria estar fazendo alguma coisa" toda vez que tenta descansar?

Nas próximas semanas, resgate o descanso ao se permitir fazer coisas que você normalmente jamais se permitiria. Você pode se acomodar sob o edredom ou tomar um banho de banheira no meio do dia, deitar-se às vinte horas com um livro e um chá quente ou passar um domingo todo se movendo lentamente e sem se arrumar. Escute seu corpo e escute o que ele está pedindo, então ofereça a si mesma o presente de um pouco de descanso profundo e verdadeiro. A sua Deusa interior não apenas a agradecerá, como prosperará com isso.

Autocuidado não é egoísmo

Enquanto falamos de descansar, de nutrir e de cuidar de si mesma, quero acrescentar um breve lembrete de que o autocuidado não é egoísmo. Na verdade, é o oposto, além de ser necessário caso queira ser capaz de se posicionar no mundo como a Deusa que verdadeiramente é. É impossível ser a mais inteligente, brilhante, poderosa e intuitiva das Deusas estando esgotada, exausta e desgastada.

Em algum lugar ao longo do caminho, principalmente como mulheres, disseram para nós que ser uma boa pessoa significava ser altruísta e colocar as necessidades de todos os outros acima das nossas. No entanto, eu ousaria argumentar que, na verdade, fazer isso é que é egoísmo, porque, com o passar do tempo, você esgota tanto a sua energia quanto a si mesma, constatando, de maneira subconsciente, que você e as suas necessidades não têm tanta importância quanto a dos outros. Ao fazer isso, você diminui a si mesma e à sua Deusa.

Não estou, em momento algum, dizendo para você não estar presente por alguém ou não cuidar de outra pessoa, mas há um motivo para falarem que devemos colocar a máscara de oxigênio primeiro em nós. Você não pode cuidar de ninguém quando está com o tanque vazio e não tem mais nada a oferecer.

Quando disser para si que não tem tempo para o autocuidado, será quando mais precisa dele. Esse é um sinal evidente de que você está em uma esteira a caminho do esgotamento, de que perdeu o contato com a Deusa interior. Outro pequeno lembrete: você não precisa conquistar o autocuidado. Parte de abraçar o Caminho da Deusa é amar e honrar a si mesma o bastante para querer se cuidar da melhor maneira possível.

Ritual de resgate

O autocuidado é saber do que você precisa a cada momento e dar-se exatamente isso. É estar presente por si e fazer com que você e suas necessidades sejam importantes. Então, durante a próxima semana ou mais, faça das suas necessidades sua prioridade. Toda manhã, converse com o seu corpo, coração e Deusa interior, e se pergunte do que precisa hoje e tente se oferecer isso. Pode ser que se sinta cansada e precise ir se deitar mais cedo, ou expressar uma verdade, definir um limite ou simplesmente se permitir ter mais tempo para se divertir e fluir ao longo do dia.

O autocuidado pode ser massagens, banhos de banheira e máscaras faciais. Também pode ser o reconhecimento de quando está na hora de ir se deitar para garantir que tenha horas o suficiente de sono ou comer as porções diárias recomendadas de frutas e vegetais. Pode ser meditação, técnicas de respiração, musculação e ioga. Também pode ser tomar ciência de quando aceitou fazer coisas de mais e então dizer "não", definir limites, cumprir com promessas feitas a si e não se permitir falar de maneira agressiva consigo mesma, principalmente quando estiver cansada e esgotada.

Desacelere para se conhecer

Quando você está sempre apressada, ocupada e imersa no barulho do mundo exterior, é quase impossível escutar a voz da sua profunda sabedoria interior, da sua intuição, e as orientações da Deusa. Mas com frequência apertamos o passo e corremos justamente por essa mesma razão, para evitarmos a voz incômoda dentro de nós que nos diz que estamos no relacionamento ou no emprego errados, ou que precisamos fazer certas mudanças na nossa vida. Quando estamos "ocupadas demais" para ouvir ou fazer qualquer coisa a respeito disso, podemos fingir que não sabemos das maneiras pelas quais estamos vivendo fora de alinhamento, abandonando a nós mesmas ou ignorando a Deusa interior.

As respostas pelas quais buscamos não serão encontradas lá fora, no barulho do mundo, mas na quietude e no silêncio interiores. É assim que a Deusa fala conosco e por meio de nós. É só quando você se permite desacelerar que consegue alcançar a si mesma, conhecer-se e saber o que de fato quer e deseja. Desacelerar é um ato radical de autocuidado e amor-próprio, principalmente num mundo que compete pela sua atenção e se beneficia de manter você distraída e procurando por respostas no exterior.

Renuncie a estar sempre cansada. Permita que o mundo externo corra ao seu redor e, em vez disso, encontre calma no caos. Deixe seu mundo interior ficar lento, calmo e silencioso. Desacelere e mergulhe na sabedoria feminina interior — eis onde você vai encontrar a Deusa e tudo o que busca.

Ritual de resgate

Tire um tempinho na próxima semana para notar o quanto está sempre se apressando e como sua vida é uma grande lista de afazeres. Alguma vez já permitiu mover-se devagar pela vida, desfrutando do momento, conectada ao mundo interior e seu senso de si? Ou está sempre correndo de casa para o trabalho, de reunião em reunião, prestes a colocar a mão na massa, caminhando depressa, fazendo centenas de coisas ao mesmo tempo e deixando de notar o mundo e as mensagens dentro e ao redor de você?

Separe um tempo todos os dias para desacelerar e se reconectar com o mundo interior. Pode ser algo tão simples quanto tirar um minuto, colocar as mãos na barriga e no coração, e respirar lenta e profundamente algumas vezes, sentindo o ar se mover pelo corpo e tirando sua atenção da cabeça, levando-a para o mundo interior. Quanto mais puder adicionar pequenas doses de paz ao dia, mais conseguirá sentir o feminino dentro de si.

Quando estiver tentando resolver um problema ou quando estiver se sentindo perdida, desconectada ou insegura, pare de tentar resolver a situação com a mente ou de buscar no mundo exterior algo ou alguém que lhe dê as respostas — mergulhe no seu poço de sabedoria interior e realmente passe um tempo consigo. Imagine-se girando um botão para diminuir o barulho do mundo exterior e permitindo que tudo vá se afastando. Então, volte-se para dentro de si, para a sua verdade, a sua sabedoria e seu conhecimento interior. Escute.

Faça menos, seja mais

Fomos criadas em uma cultura agitada, em um "mundo dos homens", com conversas sobre se tornar uma *girl boss* e com a narrativa de que a única maneira de avançar e ser bem sucedida é "ralando", de que, para conseguir o que quer, você tem que trabalhar duro ou sofrer de alguma forma. Até mesmo no local de trabalho, os traços masculinos da competitividade, assertividade, desapego emocional e acúmulo de semanas com mais de 60 horas trabalhadas são celebrados, e os traços femininos da intuição, colaboração, empatia e cuidado trazem consigo muito menos reconhecimento.

O estresse infelizmente está em ascensão, com 74% dos adultos no Reino Unido dizendo que se sentiram estressados em algum momento no último ano, além de sobrecarregados ou incapazes de lidar com uma situação. No local de trabalho, 79% das pessoas relataram estar estressadas, com as mulheres sofrendo 45% mais estresse relacionado ao trabalho do que os homens.[1] Eu realmente acredito que isso se deva ao fato de que afastamos o feminino e tentamos cumprir com expectativas irreais de estarmos "conectadas" e disponíveis o tempo todo, passando muito tempo em nossa energia masculina ao fazer cada vez mais coisas, tudo em detrimento da energia feminina. Alguns dos piores chefes que tive foram mulheres, pois no local de trabalho tentavam se posicionar igual aos homens, em vez de fazerem uso dos seus verdadeiros poderes femininos.

Eu me lembro de uma antiga cliente que trabalhava como advogada para uma empresa norte-americana. Ela estava tão esgotada, estressada e exausta, que mal conseguia desempenhar a função. Ela me procurou, um dia, cheia de alívio, pois a empresa havia concordado que ela poderia trabalhar apenas por meio período. Fiquei muito feliz e perguntei qual seria seu novo horário, e ela me respondeu de oito da manhã às quatro da tarde. Desde quando trabalhar das oito da manhã às quatro da tarde se tornou meio período?! Como conseguimos glorificar tanto o trabalho e o fazer, não deixando tempo algum para o ser e, mais importante, para o viver? Enxergamos o estresse como um sinal de sucesso, o estar sempre ocupada como uma medalha de honra. Mas e se entendemos tudo errado? E se a verdadeira marca do sucesso for conseguir trabalhar e se apressar menos, e passar mais tempo na natureza, descansando, tirando um cochilo, encontrando a família e os amigos, e fazendo coisas que nutrem nossa alma e enchem nosso coração de alegria?

Não encontraremos mais de nós mesmas nem do nosso valor e dignidade ao ralarmos e trabalharmos duro, vivendo demais em nossa energia masculina e mantendo o nosso sistema nervoso exausto — é assim que perdemos a nós mesmas e a nossa conexão com o feminino. Sei que foi exatamente assim para mim enquanto escrevia este livro. Com um prazo apertado, havia vezes em que eu me sentava por horas, esmagando o teclado e dizendo a mim mesma que eu estava ocupada demais e que tinha muito a fazer, por isso não poderia visitar a natureza nem fazer uma caminhada — coisas rotineiras que são quase inegociáveis para mim. Foi só quando o bloqueio de escrita e a frustração se tornaram difíceis demais que finalmente me desapeguei do fazer e saí um pouco de casa, e então a magia aconteceu. Rodeada pela natureza, com os pés na terra, o sol no rosto e o som dos pássaros ao redor, fui subitamente atingida por inspiração e respostas, e partes do livro com as quais eu vinha tendo dificuldade se escreveram sozinhas, de maneira inesperada, como um fluxo de consciência na minha mente. Tenho no celular centenas de mensagens dessas palavras simplesmente jorrando de mim — e elas não chegaram nos momentos em que eu estava acorrentada a uma mesa, "fazendo" e forçando. Chegaram nos momentos em que eu estava "sendo", abrindo mão do trabalho duro e me entregando a estar presente na conexão e no ritmo femininos.

Quando separamos tempo para simplesmente sermos, seja lá o que isso signifique para você, conseguimos encontrar inspiração e respostas verdadeiras, assim como acessar a energia sagrada feminina. É quando começamos a nos encontrar e, em vez de vivermos sempre alertas, nosso sistema nervoso pode respirar fundo e relaxar.

Ao se permitir um tempo em que possa fazer menos, você conquistará mais, pois poderá se preencher por completo mais uma vez e ter muito mais a oferecer a partir de um lugar de conexão com seu verdadeiro poço interior de sabedoria, força, poder e magia. É por meio do descanso que você passará a se tornar tudo o que pode ser.

Rituais de resgate

Esteja presente

Tente separar intervalos regulares ao longo do dia para não "fazer" nada; apenas se permitir "ser", pois será aí que você encontrará o feminino: ao estar presente, ao estar totalmente imersa no momento, ao estar em seu corpo, coração e alma, sentindo e percebendo.

Permita-se estar presente por completo no momento e absorver tudo. Observe como está se sentindo, seus arredores, sua respiração — fique inteiramente imersa no momento presente. Perceba se surge qualquer resistência ou desconforto, ou se você começa a querer se mover, dizer a si que está entediada. Agora, note se consegue se permitir apenas "ser", aqui e agora. Não há passado nem futuro, apenas este momento. Deixe desacelerar por completo tudo dentro e ao redor de você. Esteja presente consigo e no ambiente, mergulhe na presença do simples existir.

Não "faça", apenas "seja"

Encontre todos os dias uma coisa que lhe traga felicidade e satisfação, então tente não "fazer" essa coisa, mas "sê-la". Talvez você ame dançar e mover o corpo — tente não "fazer" a dança, mas transformar-se no movimento e sentir a vitalidade e a alegria que percorrem seu corpo. Talvez goste de passar um tempo na natureza, onde você se deixa imergir por completo em sua beleza e energia. Pense a respeito disso: você não pode "fazer" a natureza. Mesmo quando falamos dela, tendemos a dizer: "Eu quero 'estar' na natureza." A natureza nos ensina a como ser e estar, aqui e agora. Há um "fazer" na natureza, quando ela floresce, cresce, derrama e liberta, mas esse processo nunca é corrido nem forçado: tudo acontece em seu devido tempo.

Redefina o que o sucesso significa para você

Você vai continuar acreditando na narrativa ultrapassada de que sucesso é trabalhar longas horas, sentir estresse, obter conquistas financeiras e alcançar uma certa posição na hierarquia corporativa? Em vez disso, crie a *sua* medida de sucesso — o que ser bem-sucedido realmente significa para você? É ter acesso direto à sua intuição e senso de si, trabalhar apenas três dias por semana, ter a liberdade para trabalhar nas horas que quiser ou para fazer um intervalo toda tarde para dar uma voltinha na natureza? Será que ser bem-sucedido significa ter uma sensação de harmonia e felicidade interiores, mais tempo para dedicar a rituais, um sentimento de propósito ou um momento voltado a parentes e amigos que você ama? O que ser bem-sucedido realmente significa para você?

Abra-se para receber

Muitas vezes dizemos que queremos algo em nossa vida, mas, quando estamos sempre ocupadas, sempre correndo, sempre "conectadas", não há espaço disponível para receber nada. A Deusa nos ensina a receber.

Eu acredito que, sobretudo como mulheres, frequentemente temos dificuldade para recebermos de verdade. Muitas de nós estamos em recuperação de hábitos como querer sempre agradar ao próximo, consertar as coisas, nos doar e ser quem toma conta de todo mundo, e sentimos o fardo de precisarmos fazer isso tudo, mas, ainda assim, temos dificuldade para aceitar ou pedir ajuda. Nossa habilidade para receber também equivale ao nosso nível de autoestima e ao fato de acreditarmos ou não que somos merecedoras de receber aquilo que queremos.

Uma maneira pela qual bloqueamos o fluxo de recebimento é não tendo o espaço para o que realmente queremos em nossa vida. Você pode dizer que quer um relacionamento romântico profundo e comprometido, mas não para uma noite em casa, passa todos os segundos do seu dia ocupada, e sua agenda está cheia de nomes de pessoas e lugares. Onde esse relacionamento se encaixaria na sua vida? Realmente há algum lugar para um relacionamento sério? Você tem a energia, o tempo, o espaço para isso? Temos que abrir espaço para receber o que queremos.

Também fazemos isso quando buscamos respostas, orientações e sabedoria da Deusa e/ou do universo. Pedimos por um sinal ou mensagem, mas não nos permitimos recebê-lo. Estamos ocupadas demais com nossos planos, acreditando que nós, pequenos humanos, sabemos o que é melhor. Geralmente sorrio comigo mesma sobre como meu pequeno eu humano acredita saber mais do que o universo todo!

O nosso eu humano com frequência só sonha pequeno por medo de não conseguir alcançar o que quer. Tentaremos agarrar, manipular e nos prender à maneira como queremos que as coisas ocorram, sendo que a nossa versão divina sabe tudo de que somos capazes. Além disso, o universo diz algo do tipo: "Se você simplesmente largar mão do que está segurando, eu tenho tudo isto aqui para lhe dar — e é ainda melhor do que você poderia imaginar." Agora, sempre que estou manifestando ou pedindo algo ao universo, peço por "isso ou algo melhor", e assim crio espaço para receber seja lá o que for melhor para o meu bem maior.

Quando nossas mãos ficam cheias, não há espaço para conseguirmos receber os presentes que querem chegar até nós. Então pratique o desapego de expectativas e, em vez disso, comece a se abrir para receber tudo de bom que quer chegar até você. Quanto mais nos abrirmos para receber e por meio dessa jornada reconhecermos que somos dignas e que merecemos, mais a Deusa pode infundir sua magia em nossa vida.

Ritual de resgate

Tire esta semana para praticar receber. Observe o que faz quando alguém tenta lhe dar algo, até mesmo algo tão pequeno quanto pagar por uma xícara de café. Você já tenta na mesma hora dar algo em troca? Quando alguém pergunta se você está bem, você responde "Estou, e você?" e fica só ouvindo a outra pessoa? Quando alguém a elogia, você responde com "Ah, este trapo velho"? Você consegue pedir ou receber ajuda, ou enfrenta as dificuldades sozinha (e, então, muitas vezes fica ressentida por ninguém nunca a ajudar nem se importar com como você está)? Nesta semana, se alguém der algo a você, simplesmente agradeça, recebendo o presente em sua totalidade. Aceite elogios e quaisquer ofertas de ajuda ou, ainda, aceite quando a deixarem sair de uma fila ou quando lhe derem um abraço ou palavra amiga. Perceba que, quanto mais você recebe, mais coisas chegam a você.

Há uma música linda, chamada "Receive" ("Receber", em português), da Fia, que eu escuto com frequência, principalmente quando noto que estou lutando contra meu ritmo feminino e tentando "fazer", pressionar e forçar. Ela também costuma me ajudar quando estou com medo e dúvidas, quando nada parece estar funcionando ou fluindo. Nessas situações, a resposta geralmente não está em fazer mais — o que, na verdade, bloqueia o caminho de tudo que quer chegar até mim —, mas em receber.

Para isso, experimente tocar essa música, ou alguma outra que ressoe mais com você. Deite-se no chão e sinta-se afundar nos braços e no apoio da Mãe Terra, permitindo-se receber. Sinta a energia criativa e feminina fluindo por você, seu direito de nascença. Respire e se permita simplesmente receber tudo o que quiser chegar a você.

Outro ritual bonito que amo adicionar ao meu dia é abrir os braços e o coração ao máximo, e dizer, em voz alta: "Estou aberta para receber todo o amor, sorte e abundância do mundo." Você pode trocar as palavras se houver algo que prefira estar aberta para receber, mas avise à Deusa que você está preparada e apenas espere para ver o que ela lhe trará.

Relaxe e entregue-se ao fluxo

A Deusa nos ensina a relaxar, a nos entregar ao que "é" e a confiar no fluir da vida. Muitas vezes, nossa mente quer tentar resolver tudo, quer ter garantias. Acabamos fazendo malabarismos mentais para tentar gerenciar tudo, agarrar, segurar e controlar partes da nossa vida, ou para tentar forçar um resultado e nos agarrar a algo que já deveria ter sido abandonado.

Porém, essa é a estratégia masculina. A energia masculina quer consertar, resolver e entender, o que são ações incríveis para quando é necessário solucionar problemas. No entanto, é exaustivo quando passamos a maior parte do tempo fazendo, consertando e controlando. É aqui que precisamos aprender a relaxar no feminino, o qual nos ensina a confiar, ceder e seguir o fluxo. Quando começamos a confiar na Deusa e em nós mesmas, podemos fluir com a vida, em vez de forçar tudo. Podemos relaxar naquilo que "é", acreditando que, mesmo se ainda não soubermos o resultado exato ou como tudo vai se resolver, confiamos o bastante na Deusa, no universo e, acima de tudo, em nós mesmas, para sabermos que, independentemente do que aconteça, poderemos enfrentar a situação e superá-la.

Tudo que acontece em nossa vida tem a intenção de nos dar as lições, desafios, discernimentos e experiências necessárias para nossa alma crescer, evoluir e se expandir, além de iniciar a jornada que escolhemos para ter nesta vida. Essa única crença foi o que me fez atravessar muitos momentos na vida — a de que a minha alma escolheu isto para mim, e minha alma não escolheria nada pelo que eu não conseguisse passar. Sempre que estou lidando com algo particularmente desafiador ou difícil, eu me lembro disso, e isso muda toda minha perspectiva, ajudando-me a permanecer conectada com uma fonte superior de poder e sabedoria.

Quando passamos a confiar e a crer que estamos sempre sendo apoiadas e guiadas, e que nossa alma escolheu cada uma dessas experiências para nós, nossa vida se torna mais mágica, leve e com propósito. A sua alma não escolheria nada que você não conseguisse superar. Você veio para cá com uma história única que sua alma quer viver por meio de você e que a Deusa quer animar e dar à luz por meio de você. Quanto mais começar a se entregar à confiança, tranquilidade e graça, mais as energias femininas poderão fazer a magia criativa fluir por você e guiá-la até onde você precisa estar.

Quando tentamos ir contra o fluxo, nadando contra a maré, a vida fica mais difícil e exaustiva. Então, em vez disso, entregue-se aos braços do sagrado feminino e permita que ele a abrace e a carregue até onde você precisa estar. Encontre uma confiança profunda o suficiente em si (ou inicialmente na Deusa, pois ela vai ampará-la até que você encontre os mesmos níveis de confiança em si mesma) para existir no desconhecido, sabendo que é nesse lugar que a magia acontece. Desapegue-se dos apoios, pare de se segurar firme e de tentar controlar tudo; permita-se ser levada, carregada e apoiada.

Ritual de resgate

Aprenda a "estar" em um espaço de entrega e confiança profunda, sem tentar entender tudo. Observe quando estiver no modo "fazer" ou "consertar" e, em vez disso, veja se consegue se desapegar, se entregar e confiar. Sempre que tudo parecer demais, invoque a Deusa para orientação — "Eu não tenho certeza do que fazer agora, por favor me ajude" — e permita que o apoio, sabedoria e direcionamento dela fluam em sua vida.

INVOQUE A DEUSA

Tanto a Deusa romana **Vênus** quanto sua irmã grega, **Afrodite**, são as Deusas do amor, beleza, fertilidade, prosperidade e desejo, e nos ensinam a arte do autocuidado, do amor-próprio, do descanso, do recebimento e da harmonia interior.

Essas Deusas nos mostram que grande parte do nosso poder feminino é ativado e encontrado na delicadeza e na expressão da energia feminina, que, com o nosso lado selvagem e, às vezes, destemido, é lento, sensual, aprazível e pacífico, e não gosta de ser apressado.

Essas Deusas aceitam de braços abertos serem cultuadas e adoradas e, como tais, ensinarão você a desacelerar, a adorar a si mesma e a realmente se permitir descansar na alegria e no prazer de sua existência, em vez de estar sempre tentando provar algo e apertar o passo na vida, deixando o momento passar. Não importa com qual das irmãs Deusas você ressoe mais — as duas vão guiá-la por uma jornada interior de autodescoberta e levá-la a ser mais delicada, a se entregar e a cuidar de si mesma acima de tudo.

Elas a ensinarão a se deleitar e a apreciar momentos de puro descanso e recebimento genuínos, a encontrar satisfação e contentamento nos momentos em que não está "fazendo" nada, mas "está" presente por completo, luxuriando-se nas energias femininas do êxtase e do prazer.

Observe o posicionamento de Vênus no seu mapa astral

Vênus também tem um planeta nomeado em sua homenagem. Um planeta que só pode ser visto em certos momentos do dia e da noite, enquanto se transforma de estrela da manhã em estrela da noite, tirando um descanso completo do nosso céu e desaparecendo por cerca de 50 dias de cada vez.

Vênus no mapa astral nos ensina sobre nossos valores e mostra como cuidarmos melhor de nós mesmas, como receber e onde encontrar nosso valor. Ela nos ensina um pouco mais sobre nossos desejos, prazeres e indulgências, e como podemos convidar mais harmonia para nossa vida.

Veja em qual signo a sua Vênus está (você pode fazer um mapa astral de graça no meu site: kirstygallagher.com) e, então, pense em algumas maneiras por meio das quais você pode nutrir e cuidar da posição da sua Vênus e receber os presentes e lições dela.

Aproveite as sextas-feiras femininas

A sexta-feira é regida por Vênus, fazendo desse o dia ideal para se dedicar a desacelerar e a estar presente com a Deusa. Se possível, você pode se permitir ter uma manhã mais lenta na sexta, um dia sem reuniões ou demandas externas de energia e tempo, ou ter a perspectiva de um longo banho ou de se deitar mais cedo ao final do dia.

Isso não precisa acontecer toda semana, nem mesmo o dia todo, mas, quanto mais você puder fazer intervalos regulares para descansar e honrar a si mesma, mais se beneficiará dessas práticas e notará uma grande diferença em como se faz presente nos outros seis dias da semana.

Se não puder fazer nada disso, pelo menos transforme as sextas-feiras no dia da Deusa e lembre-se de avançar com delicadeza e sem pressa pelo dia, fazendo pausas e estando presente o máximo que puder. Perceba se está se apressando, fazendo malabarismos ou se exigindo demais, e peça à Deusa para ajudá-la a se reconectar com sua paz e presença internas, e para conseguir descansar com a Deusa interior.

Use o quartzo rosa

O quartzo rosa não é apenas o cristal do amor-próprio, do autocuidado e da autoestima, mas da energia do sagrado feminino. Às vezes chamado de pedra de Vênus, também está associado a Afrodite, pois a lenda diz que, quando estava correndo para salvar seu amado Adônis, ela se cortou em um arbusto, e o sangue embebeu o chão, manchando o quartzo de rosa.

Leve um quartzo rosa consigo — você pode até mesmo usá-lo como joia — ou mantenha um pedacinho dele na mesa do trabalho ou em algum lugar de casa. Cada vez que olhar para ele ou segurá-lo, use o momento como um lembrete para desacelerar e descansar na sua energia feminina por um tempinho — podem ser de três a cinco respirações profundas. Sempre que notar que está com pressa na vida, segure o quartzo rosa, conecte-se com a energia de Vênus ou Afrodite e sinta a energia delas envolvê-la, encorajando-a a ser e a receber.

Dê a si mesma autorização para descansar

Escreva para si uma carta de amor vinda de Vênus ou Afrodite, listando todos os motivos pelos quais você merece dar-se descansos regulares. É uma permissão da Deusa para você adorar a si mesma. Não é preciso conquistar o descanso, pois você já o merece, e, caso sinta necessidade de sempre agradar ao próximo ou de colocar os outros em primeiro lugar, ou caso simplesmente ainda tenha dificuldades para se deixar descansar, essa é uma maneira linda de se permitir definir limites sobre seu tempo e energia. Veja isso como uma instrução da Deusa para levá-la ainda mais adiante no Caminho da Deusa, para receber sua sabedoria e orientação, enquanto ela lhe receita descansos.

Você também pode envolver parentes ou amigos nisso (ou funcionários ou colegas) ao escrever a cada um deles permissões para descanso — algumas horas no sofá para desfrutar de um programa de TV; ir para a cama mais cedo, passar um tempinho no jardim, no banho ou na natureza, sem interrupções; tirar um dia de folga para não ter que consertar, agradar nem ser responsável por mais ninguém durante algumas horas. Torne-se a personificação do sagrado feminino ao garantir que as pessoas cumpram com essas permissões sem se sentirem culpadas ou inventarem desculpas (e certifique-se de fazer a mesma coisa por você).

Incorpore os arquétipos

A mãe

Invoque a sua mãe interior e mergulhe no abraço caloroso dela. Sinta-a sussurrando para você: "Tudo bem descansar." Receba o amor e o apoio dela, deixe-a abraçá-la e lhe mostrar a beleza que existe em desacelerar.

A sacerdotisa

Permita que a sua sacerdotisa interior mostre a você o quanto mais pode ser alcançado com adoração, devoção e intenção, em vez de pressa, força e pressão. Comece a viver a partir de um lugar de conexão com o feminino, e transforme em prioridade o desacelerar com a intenção de recebê-la.

Cultue o seu próprio altar

Da mesma forma que você está aprendendo a cultuar as Deusas nestas páginas, cultue a si, sua energia e seu tempo. Adore-se ao se dar intervalos frequentes para descansar, receber e estar presente com a Deusa interior. Quando notar que está exausta, estressada ou prestes a se esgotar, cultue o próprio altar (do seu corpo, mente, coração e alma). De preferência, não espere até chegar a esse ponto; separe um tempo antes, até mesmo poucos minutos ao dia, para receber o descanso e as energias femininas sagradas.

AFIRMAÇÕES PARA RESGATAR O DESCANSO E O RECEBIMENTO

- "Autocuidado não é egoísmo."
- "Eu me dou permissão total para descansar/receber/desacelerar."
- "Eu acolho a vida lenta."
- "Para mim, o verdadeiro sucesso significa [insira aqui a sua definição de verdadeiro sucesso]."
- "Eu me entrego ao fluxo da Deusa."
- "É seguro desacelerar."
- "Eu estou aberta para receber."

Agora que você acolheu o descanso e o recebimento, espero que tenha resgatado e recebido ainda mais das suas energias femininas. Vamos, então, pegar essa recém-encontrada conexão com a Deusa e usá-la para resgatar as suas estações e ciclos.

"Está na hora de resgatar nossas estações e ciclos, para, assim, resgatar a Deusa e parte de nós mesmas."

Capítulo II

RESGATE AS ESTAÇÕES E OS CICLOS

As mulheres são seres cíclicos. Desde o início dos tempos, nós nos movemos no ritmo da natureza, da lua e das estações. Assim como a natureza e a lua, as mulheres têm um ciclo natural, um ritmo interno, não só nos ciclos menstruais, mas nas fases de transição pelas quais passamos ao longo da nossa jornada de vida. Ainda assim, com o tempo fomos ensinadas a negar e a nos afastar disso. Preocupamonos com o fato de nos sentirmos diferentes a cada dia, sentimos vergonha de nossas emoções mutáveis e nos forçamos a continuar seguindo em frente quando o corpo e a alma estão gritando por descanso. E, ao fazer isso, silenciamos a Deusa e ignoramos a sabedoria do nosso corpo, perdendo contato com a quantidade imensa de sabedoria, poder e magia femininas dentro de nós.

As suas necessidades variam em cada fase do ciclo e a cada estação da vida, e, quanto mais você começar a honrar e a compreender isso, mais honrará e compreenderá a Deusa e a si mesma.

Conforme for avançando pelo capítulo, verá que os seus ciclos naturais e aqueles da lua, da natureza e da Deusa não podem ser separados; todos eles são o mesmo — porque ritmos, ciclos e estações estão programados em nosso sangue, ossos e DNA. Está na hora de resgatá-los e, assim, resgatar a Deusa e parte de nós mesmas.

A Deusa tríplice: A donzela, a mãe e a anciã

Falamos a respeito de alguns desses arquétipos femininos no Capítulo 1, mas vamos dar uma olhada neles agora para analisarmos como se relacionam com as estações e os ciclos naturais da jornada de uma mulher ao longo da vida.

A Deusa tríplice — donzela, mãe, anciã — representa a jornada de uma mulher pela menarca (o primeiro sangramento), a menstruação, o parto e a menopausa. Esses são momentos de transições extremas na jornada de uma mulher, e houve um tempo quando rituais eram feitos para celebrar tais marcos. Há um antigo ditado dos nativos americanos que resume isso perfeitamente: "Em seu primeiro sangramento, a mulher conhece o seu poder. Durante os anos de sangramento, ela o coloca em prática. Na menopausa, ela se torna o poder."

Esses arquétipos mais uma vez refletem as estações da natureza e as fases da lua, e, assim como cada estação da natureza ou fase da lua oferece energias, lições e percepções diferentes, isso também se aplica às etapas transicionais da vida de uma mulher.

Ultimamente, conforme vivemos cada vez por mais tempo e optamos por ter filhos cada vez mais tarde, novas categorias foram adicionadas à lista: a feiticeira, que são os anos da perimenopausa até a menopausa, antes de você se tornar uma anciã; e a encantadora, que é quando você não é mais donzela, mas ainda não se tornou mãe — também exploraremos isso abaixo.

É importante lembrar que algumas mulheres podem não seguir esse ciclo natural (pois nem todas se casam ou têm filhos), mas todas experimentaremos a energia de cada um desses arquétipos em nossa vida. Também expressaremos e sentiremos a energia de cada um deles durante o nosso ciclo menstrual (mais informação a respeito disso a seguir) e poderemos trabalhar com tais energias dessa maneira.

A donzela

Diz-se que ela engloba os primeiros 25 anos da vida de uma mulher, e a transição verdadeira para a energia da donzela chega com a menarca. Esta é a fase de nossas vidas em que passamos por muitas mudanças no corpo, devido a hormônios e emoções, conforme nos desenvolvemos e crescemos na feminilidade. Em geral sem quaisquer laços, filhos ou grandes responsabilidades, é o nosso momento de liberdade, diversão e libertação, quando exploramos quem somos e começamos a buscar nosso lugar no mundo.

Os anos de juventude tendem a ser cheios de otimismo com relação ao futuro, descobertas, independência e rebeldia. A donzela tem muita energia, paixão pela vida e quer se aventurar e explorar o máximo que puder. No entanto, com o crescimento das redes sociais e dos meios de comunicação tomados por padrões de beleza das celebridades, essa época pode, hoje em dia, ser cheia de comparação, ansiedade e tentativas de alcançar expectativas irreais quanto a estilos de vida, aparência e conquistas. É por isso que é importante para as mulheres trilharem o Caminho da Deusa desde cedo, pois assim podemos resgatar a nossa autoestima e saber quem somos desde novas. Meditação, atenção plena e trabalho interno são importantes para a donzela encontrar uma âncora interior que a ajude a enfrentar as pressões externas do mundo moderno.

Se você tem donzelas em sua vida, ensine-as sobre o Caminho da Deusa e a importância da autoconfiança, autoconhecimento e autoconsciência desde jovem; ajude-as a saber que já são suficientes do jeito que são.

A mãe

A fase da vida entre os 25 e 45 anos é quando a mulher está em plena floração e provavelmente em seu momento mais fértil, não importa se tenha filhos ou não. As mulheres com filhos passarão por um processo enorme de iniciação através do parto e da criação de uma ou mais crianças. Aquelas sem filhos, por sua vez, podem usar esses anos para dar à luz um negócio, carreira, projetos, ideias ou quaisquer coisas que queiram nascer de você.

São nesses anos que aceitamos grandes responsabilidades e devotamos nossa energia para a criação da vida, seja com crianças, seja com sonhos, desejos ou ideais. Estamos profundamente conectadas com a energia vital feminina, com a nossa força interior e com a habilidade de criar, nutrir, prover e proteger.

Lembre-se de, também, ser uma mãe para si mesma nessa fase, pois é um período de transição que pode fazer com que as mulheres sofram mais uma vez não apenas com expectativas externas, mas com as grandes mudanças que a fase traz consigo. Mulheres com filhos podem ter de enfrentar uma perda inicial de identidade pessoal e o fato de terem de lidar com isso sozinhas, e é importante, nessa etapa, encontrar sua comunidade e confiar em seu apoio. As mulheres que não podem ou que optam por não terem filhos sofrem com perguntas e julgamentos constantes do mundo externo, o que por si só acaba se tornando um conjunto desafiador. Por isso, é muito importante ter uma prática sólida de autocuidado e chamar a mãe interior para que ela a abrace, proteja e cuide.

Se tiver mães na sua vida, ofereça a elas apoio e encorajamento, diga que não precisam passar por esse momento sozinhas. Se tem mães sem filhos em sua vida, apoie-as enquanto dão à luz seus projetos, esperanças e sonhos.

A anciã

A idade original da anciã era acima dos 45 anos, mas, naquela época, não vivíamos por tanto tempo, e a tendência era termos filhos muito mais jovens. Portanto, hoje em dia, categorias novas (veja a seguir) foram adicionadas, e os anos da anciã podem chegar mais tarde.

Pessoalmente, vejo a menopausa como um resgate da anciã e amo tudo a respeito de mulheres que retomam essa energia, em especial porque, assim que alcançam certa idade, passam a ser rejeitadas pela sociedade moderna. Consideradas "ultrapassadas" e não mais vistas como úteis, esse pode ser um período em que muitas mulheres se sentem desvalorizadas e até invisíveis. Essa é a hora de resgatar a energia da anciã e ver a menopausa pelo que realmente é — um rito de passagem transformador, em direção à mais profunda sabedoria, ao conhecimento e ao poder da Deusa.

A palavra anciã (*crone*, em inglês), apesar de ser vista hoje em dia como um insulto (assim como velha e bruxa), originalmente significava "velha coroa" (*old crown*), e essas mulheres teriam sido as veteranas, líderes, curandeiras, terapeutas e sábias de sua comunidade. Quando uma mulher retém o sangramento, o seu "sangue sábio", ela incorpora todas as experiências, lições e sabedoria adquiridos ao longo da vida, e pode, agora, compartilhar isso com os outros, em um lugar de conhecimento e experiências realmente vividas.

Também é comum que seja essa a etapa na qual as mulheres menos se importam com o que a sociedade espera, na qual se tornam menos domáveis — e realmente acredito que a sociedade faz as mulheres nesse estágio da vida se sentirem incapazes, como uma forma de as reprimirem. A energia da anciã tem o poder de mudar o mundo, e precisamos de mais mulheres expressando e abraçando o poder e a sabedoria que essa etapa traz consigo.

Se você tem anciãs em sua vida, faça perguntas e aproveite ao máximo a sabedoria delas. Pergunte o que desejariam ter feito de maneira diferente; com o que se importaram demais, mas gostariam que não tivessem se importado; e o que fariam de outra forma, sabendo o que sabem hoje. Busque-as para que elas orientem você ao longo do caminho de mudar o mundo.

A feiticeira e a encantadora

A feiticeira — às vezes chamada de selvagem, curandeira ou bruxa — representa os anos de perimenopausa, quando as mulheres não estão mais engravidando, mas ainda não fizeram a transição completa para a menopausa. São os anos depois da mãe, mas antes de você estar pronta para assumir todo seu poder de anciã.

Se você tem filhos, é provável que, a essa altura, eles sejam mais autossuficientes e que muitas das grandes responsabilidades da vida tenham se amenizado, ou seja, você tem mais tempo, liberdade e independência para explorar quem você é e o que você quer fazer agora. Se não teve filhos, é provável que esteja mais estabilizada em sua carreira e vida.

Este é um momento de autodescoberta, de voltar a se conhecer, mas agora com a imensa sabedoria e experiência de vida que adquiriu.

A encantadora representa os anos em que você não é mais uma donzela, mas, por qualquer que seja a razão, ainda não se tornou mãe. Você fez a transição da fase mais inocente da donzela até um lugar de mais empoderamento e consciência, e pode usar isso tudo para navegar pelo mundo.

Você está cheia de energia para criar e consegue investir isso em quaisquer áreas da vida que escolher — desde autodesenvolvimento, aventuras e viagens até a definição de uma trajetória profissional.

É o momento da sabedoria, da liberdade e da exploração interior, estabelecendo seu caminho no mundo, decidindo quem você quer ser e o que você quer da vida.

Estações e ciclos menstruais

Foi só de uns tempos para cá que os ciclos menstruais passaram a ser mais abertamente discutidos e vistos como uma ferramenta de empoderamento. Por décadas, e para muitas de vocês que estão lendo isto, infelizmente essa pode não ter sido a sua experiência. A menstruação talvez tenha trazido sensações de vergonha, confusão, sigilo e noção de sujeira, de impureza e de algo sobre o qual você não fala e pelo qual teve que sofrer em silêncio. Ela ainda pode ter sido alvo de piadas, de fraqueza ou de constrangimento, e ter qualquer leve oscilação no humor era sempre culpa de "estar de TPM". Na verdade, a menstruação foi tabu por tanto tempo, que até criamos apelidos para evitar nos referirmos diretamente ao que era "o mar vermelho", "o visitante do mês", "o chico", entre outros nomes adoráveis.

Você sabia que, por causa de regras estritas de censura a respeito da publicidade de produtos menstruais, a palavra "menstruação" foi utilizada pela primeira vez numa propaganda apenas em 1985?

Ou que foi só a partir de 2017 que o sangue menstrual passou a ser representado por um líquido vermelho, em vez de azul?[2]

Quando e como a menstruação se tornou tabu é incerto, mas o tabu menstrual foi bem-sucedido em rotular as mulheres como seres de alguma forma inferiores, além de ter sido usado para controlá-las, restringi-las e reprimi-las ao longo do tempo. Será que pode ser a quantidade imensa de poder que as mulheres têm durante esse período sagrado do mês o que ocasionou os rumores de que mulheres menstruando controlavam a lua, tinham poderes sobrenaturais e perigosos, e eram sujas, impuras e pecaminosas enquanto sangravam? Rumores que viraram o jogo contra a maneira como a menstruação era vista?

No entanto, nem sempre foi assim. As antigas sociedades caçadoras-coletoras e as culturas históricas consideravam a menstruação um período curativo, protetor e sagrado, e acreditavam que uma mulher menstruada tinha acesso a poderes espirituais elevados, habilidades psíquicas e capacidade de acessar uma sabedoria, orientação e intuição mais profundos. Na Grécia e no Egito antigos, pensava-se que o sangue menstrual continha poderes mágicos e por isso era ingerido para aumentar o poder espiritual, assim como espalhado em campos para aumentar a fertilidade da terra. Em outras culturas, as mulheres se reuniam por alguns dias na lua nova para menstruarem em um alojamento lunar, casa menstrual ou tenda vermelha. Esse era um momento sagrado de isolamento, longe das tarefas e da vida rotineira, em que as mulheres compartilhavam, amparavam e encorajavam umas às outras, além de entrarem em uma sintonia mais profunda, com a compreensão e a intuição interiores então elevadas. Por exemplo, mulheres dos povos Yurok faziam greves em seus períodos lunares, tirando um tempo em reclusão para acessar os próprios poderes e meditarem a respeito do propósito de sua vida. Tomavam banhos comunais e realizavam rituais, além de sangrarem junto da lua. Isso também acontecia com as mulheres ojíbuas, que consideravam a menstruação um período de limpeza, renovação e celebração da feminilidade. As mulheres usavam o tempo no alojamento lunar para descansar, purificar e recuperar as energias. Elas se abstinham de todas as outras responsabilidades e passavam a ser cuidadas pelo restante da aldeia.

A habilidade de uma mulher sangrar sem morrer era vista como um superpoder mágico, e o seu sangue, como um elixir sagrado. Existe até uma antiga profecia da nação indígena Hopi que diz: "Quando as mulheres entregarem o seu sangue de volta à terra, os homens voltarão da guerra para casa, e a terra encontrará paz."

Está na hora de resgatar o poder da sua menstruação, e nunca é tarde demais para fazer isso. Comece agora e recupere a sabedoria do seu momento lunar sagrado.

Resgatando o seu ciclo menstrual

O nosso ciclo menstrual reflete a nossa natureza cíclica e nos dá a oportunidade de nos renovar por completo a cada 29 dias, mais ou menos. Ele pode ser dividido em quatro ciclos individuais, durante os quais sua energia, emoções, libido e senso de si oscilarão. Quando você começar a monitorar, compreender e abraçar isso, retomará o controle da sua vida e o poder da força vital feminina que flui por você todos os meses. Não estará mais ligada ao condicionamento de que a vida deveria ser igual todos os dias; porque a vida simplesmente não é assim, em especial para nós, mulheres. Conforme for aprendendo a honrar e aceitar as flutuações do seu humor, corpo e níveis de tolerância, e a honrar seus ritmos naturais, você aprenderá a utilizar o poder e a sabedoria da Deusa dentro de si.

Assim como cada fase do ciclo menstrual traz consigo presentes e energias únicos, cada uma delas também está associada a uma fase do ciclo lunar, a uma estação na natureza e a um dos arquétipos femininos mencionados anteriormente. Quanto mais puder se honrar em cada uma das fases, mais se conectará com a Deusa interior e com o poder, sabedoria, força vital criativa e habilidade de ouvir a voz do seu coração, alma e intuição profunda.

Antes de continuarmos, uma breve observação: o seu ciclo, assim como você, é único, e você pode ter um ciclo mais longo, mais curto ou irregular. O seu ciclo também mudará com o passar do tempo, dependendo do que está enfrentando na vida. Pode ser que você experimente fases diferentes do seu ciclo de maneiras diferentes, principalmente em momentos diferentes da vida, e este é o ponto: conhecer e honrar o seu feminino interior e como ele precisa fluir.

Ao passar a prestar atenção e a conhecer o próprio ciclo, você começará a conhecer a si mesma e a construir um relacionamento mais profundo com o seu corpo e ritmo interno, aprendendo a se dar aquilo de que precisa, quando precisa. É esse o verdadeiro significado de trilhar o Caminho da Deusa e honrar a Deusa interior.

Recentemente, conversei com diversas mulheres que sentem pesar e tristeza imensos por nunca terem sido ensinadas sobre a magia, o poder e a sabedoria da menstruação. Se você já passou pela menopausa, por favor, permita-se ter um momento para lamentar que essa sabedoria foi escondida de você. Mas, por favor, saiba que pode resgatá-la ao acompanhar o ciclo da lua. Ela lhe dará um ciclo natural que você ainda poderá seguir e adotar. Mães, por favor, ensinem isso a suas filhas (e filhos) para que possamos criar uma próxima geração de mulheres que incorporam sua profunda sabedoria feminina.

Agora vamos ver algumas maneiras de acolher as estações interiores e conectar-se com os arquétipos femininos ao passar por cada estação da vida.

Menstruação

Associada à fase da lua nova, ao inverno e ao arquétipo da anciã/sábia.

O começo da menstruação conta como o primeiro dia, e o sangramento geralmente dura de três a cinco dias. Aqui, os níveis de estrogênio e de progesterona caem, e o seu corpo começa a descamar as paredes internas do útero, criadas no ciclo anterior.

Durante esta fase, pode haver uma sensação de exaustão, vulnerabilidade, sensibilidade, dor e emoções profundas. É um período para a quietude e o isolamento, descanso e autocuidado, para ser capaz de acessar a sua sabedoria e intuição interiores e profundas.

Trabalhe com a sua energia da anciã/sábia ao...
Voltar-se para dentro e ouvir sua sabedoria interior: tire um tempo para ouvir conscientemente seu interior, permita que a anciã/sábia fale. Imagine que ela tem uma voz — o que ela diria a você? Você pode fazer anotações como se fosse a sua anciã interior e deixar que ela transmita mensagens e sabedorias que quer compartilhar com você. Invoque a sabedoria dela para qualquer coisa com que estiver tendo dificuldades; faça uma pergunta a ela e então sente-se em silêncio e permita que as respostas surjam dentro de você.

Definir intenções pessoais para o mês seguinte: escreva sobre os seus sonhos e visões — o que você realmente quer e precisa — e defina algumas intenções para o mês seguinte. O que você fará acontecer no mês que vem? Como honrará mais a si e suas estações e seus ciclos? Onde você investirá a sua preciosa energia e concentração?

Honre a sua energia interior do inverno/lua nova ao...

Isolar-se do mundo o máximo que puder: pense na quietude da natureza durante o inverno, enquanto tudo se volta para dentro de si. Pense nos poucos dias do mês em que a lua se retira do céu. Da mesma maneira, esse é o período para invocar a quietude em sua vida e honrar a sua menstruação e o período da sua sabedoria interior. Se for possível tirar um dia de folga, faça isso, ou ao menos viva os seus dias da maneira mais serena que puder e tente manter as noites livres. Honre o tempo da quietude profunda e do isolamento, permitindo-se descansar e receber. Esse não é um momento para dar aos outros, mas para focar a si mesma.

Conscientemente se desapegar de tudo de que não precisa mais: assim como os ciclos da lua e da natureza, vivenciamos a morte e o renascimento todos os meses, por meio do ciclo menstrual. Essa é a parte da morte no ciclo em que usamos o simbolismo do sangramento para verter tudo aquilo do qual não precisamos mais.

De maneira parecida com a fase da lua nova no ciclo lunar, os dias antes da menstruação e a TPM em si nos mostram o que não queremos e o que está fora de alinhamento em nossa vida. É geralmente nesses dias que as emoções que suprimimos vêm à tona e mergulhamos em nossos sentimentos. Preste atenção nas suas emoções por volta desse período e perceba o que estão mostrando que você precisa tirar de sua vida.

Visualize, enquanto sangra, que você está vertendo e liberando tudo de que não precisa mais. Pode até dar um passo além e oferecer seu sangue à terra ou à água, pedindo que a ajudem a limpar e a libertar tudo de que não precisa mais.

Fase folicular

Associada à fase da lua crescente, à primavera e ao arquétipo da donzela.

Esta é a fase pré-ovulatória do seu ciclo, que começa no primeiro dia da menstruação e dura aproximadamente 14 dias (há uma sobreposição com a fase da menstruação, então às vezes é categorizada como a fase entre os dias 6 e 14). Durante esse período, a sua glândula pituitária libera um hormônio estimulante folicular, e os níveis de estrogênio começam a subir.

A fase traz uma sensação de renascimento, com níveis de energia elevados e um desejo de reemergir e voltar ao mundo. Agora é a hora de começar projetos, avançar outros e enfrentar desafios. Você se pegará explodindo de criatividade, ideias e inspiração.

Trabalhe com a sua energia da donzela ao...

Comprometer-se mais com brincadeiras, diversão e flertes: diga "sim", socialize e leve a sua donzela interior para se divertir. Permita-se um tempo nos próximos dias para ser mais descontraída, brincalhona, e para aproveitar o momento. Flerte com o atendente da cafeteria, com o desconhecido na rua e até mesmo com a vida; deixe-se desfrutar da energia deliciosa da sua beleza e sensualidade.

Transformar-se em um ímã de manifestação: dê uma olhada nas intenções que definiu enquanto menstruava. O que pode fazer agora para que essas coisas aconteçam e sejam atraídas à sua vida? Invista a sua energia e seu foco no que você quer e sinta a donzela interior dançando, tornando você um ímã para aquilo que deseja.

Honre a energia interior da primavera/lua crescente ao...
Libertar sua criatividade: você pode desenhar, dançar, pintar, cantar — e nada disso precisa sequer ser bom. É apenas um tempo para libertar seu lado criativo e permitir que ele comece a fluir. Observe onde você bloqueia o fluxo de energia criativa ao precisar que tudo seja "perfeito", e apenas se divirta.

Fazer algo crescer: coloque energia, foco, tempo e atenção em fazer algo crescer: um novo projeto ou ideia, uma planta ou uma parte sua, como se permitir ser vista ou usar a voz para se posicionar.

Ovulação

Associada à fase da lua cheia, ao verão e ao arquétipo da mãe.

O período entre os dias 14 e 21 é o mais fértil, pois seus hormônios atingiram os níveis mais altos. Níveis altos de estrogênio são como um gatilho para que a glândula pituitária produza o hormônio luteinizante, que faz com que um óvulo seja liberado do ovário direto na tuba uterina, onde sobreviverá por até 24 horas.

Esse, provavelmente, é seu período feliz do mês e quando sente que está mais em todo seu poder, presença e energia. É o intervalo no ciclo em que você floresce em totalidade, então planeje, por volta desses dias, grandes eventos sociais ou momentos em que for precisar brilhar.

Trabalhe com a sua energia da mãe ao...
Dominar o mundo: deixe que a sua energia de mãe a ajude a ser multitarefas, a fazer seus malabarismos e a resolver as coisas. Risque itens na lista de afazeres, cuide da administração e organize as coisas, principalmente aquilo que for lhe servir de apoio para poder

desacelerar na próxima fase do ciclo. Este é o melhor momento do ciclo para pedir pelo que você deseja, então informe as suas necessidades.

Ser a cuidadora: você terá a energia e a tendência de cuidar e zelar pelos outros nesse período do ciclo, então faça uso disso. Deixe a mãe interior nutrir, apoiar e se fazer presente para os outros, cuidando das necessidades deles e permitindo que a sua energia maternal flua.

Honre seu verão interior/lua cheia ao...

Celebrar-se: esse é o momento do mês em que você provavelmente vai se sentir melhor em relação a si, então celebre tudo o que você é. Leve-se para fazer compras, dance na frente do espelho, liste tudo que ama a seu respeito e permita-se brilhar.

Fazer uso da sua energia sexual: a sua libido e a sua energia sexual estarão no ápice, durante essa fase. Essa energia, que pode criar vida nova no seu período mais fértil do mês, também pode ser canalizada para a criação de um projeto ou de algo que você quer dar à luz. Sinta a energia vital dentro de você e aplique-a no que quiser criar.

Fase lútea

Associada à fase da lua minguante, ao outono e ao arquétipo da feiticeira/selvagem.

Assim que o óvulo é liberado, o seu corpo começa a produzir progesterona para ajudar a preparar o revestimento do útero para uma possível gravidez. Se ela não acontece, depois de mais ou menos uma semana os níveis de estrogênio e de progesterona começam a cair, para que o revestimento comece a se soltar, o que, então, torna-se a menstruação.

O intervalo entre os dias 22 e 29 marcam o início da sua jornada de volta ao interior, e você começa a, gradualmente, desacelerar e honrar a si mesma enquanto se aproxima da menstruação. É um período de completude, para se conectar com o seu mundo interior, refletir e coletar aquilo de que precisa.

Trabalhe com a sua energia da feiticeira/selvagem ao...
Expressar as suas emoções: quanto mais rejeitamos e suprimimos nossas emoções e desonramos nossas necessidades, mais provável é que isso tudo venha à tona durante a parte pré-menstrual do nosso ciclo, como sintomas mais intensos de TPM. Coloque uma música alta e liberte a sua selvagem para pisotear, chorar, rir, enfurecer-se e expressar como está se sentindo.

Definir limites: se estiver oferecendo coisas de mais, abandonando a si mesma ou não honrando as próprias necessidades, essa é a hora de resgatar seu tempo, energia e ser. Chame a sua selvagem interior para ajudá-la a se colocar em primeiro lugar e a se libertar dos medos com relação aos limites para que você possa honrar a sua energia minguante.

Honre seu outono interior/lua minguante ao...
Comprometer-se com o autocuidado, autocuidado e autocuidado: é neste período que você opta por honrar as necessidades do seu corpo e desacelerar, em vez de forçar algo contra seu ritmo natural — um verdadeiro ato de amor-próprio. Quanto mais cuidar de si nessa fase do ciclo, mais conectada estará consigo e mais benefícios colherá ao longo do restante do período.

Voltar-se para dentro: passe mais tempo refletindo, em introspecção, e ouvindo seu interior. Preste atenção no que a está frustrando e nas partes da sua vida que não parecem estar completas e não estão fluindo, ou ainda onde você tem se abandonado, sem permanecer fiel a si. Escreva, medite, faça ioga, pratique exercícios de respiração e escute seu mundo interior, para ouvir a verdade a respeito do que a sua Deusa interna precisa que você saiba.

Rituais de resgate

Honre a sua primeira menstruação

Olhe para o passado, para a sua primeira menstruação: você se lembra dela? Lembra-se de se sentir empoderada, temerosa ou envergonhada? Ou talvez nem sequer tenha memória desse momento.

Por séculos, tradições ao redor do mundo realizavam rituais para celebrar esse momento sagrado de transformação feminina. Em muitas das práticas antigas, jovens mulheres eram vistas como se tivessem ganhado novos poderes espirituais; não eram apenas celebradas, mas frequentemente passavam um tempo sozinhas para incorporar tal poder, recebendo visitas e sabedoria das mulheres mais velhas ou das anciãs da comunidade.

Hoje em dia, está se tornando muito mais comum fazer uma iniciação para as garotas na menarca. No entanto, saiba que não é tarde demais para fazer isso por si mesma. Faça um ritual no qual você se encontra com sua eu de 13 ou 14 anos (ou seja lá quantos anos você se lembra de ter ou sente que tinha na sua primeira menstruação). Crie um espaço seguro e sagrado, feche os olhos e se imagine outra vez naquela época, ou imagine que a sua versão mais nova está ao seu lado agora. Permita que ela compartilhe como está se sentindo, então abrace-a e diga a ela tudo que você queria que ela soubesse naquela época.

Monitore os seus ciclos

Lembre-se de que mencionei anteriormente que nenhum ciclo é igual ao outro e é diferente para cada mulher. Não existe algo como um ciclo "correto", exceto pelo que for correto para você. Então, retome o poder de se conhecer e comece a monitorar seus ciclos e ritmo. Observe como você se sente e do que precisa em cada uma das suas fases. Talvez, preste atenção em onde está se exigindo demais e não honrando a si mesma durante certos períodos do mês, e perceba que honrar as estações internas e os arquétipos femininos transforma as coisas para você.

Há uma variedade de aplicativos que podem ser usados para monitorar isso, ou comece um diário especificamente para ter consciência do seu ciclo menstrual — todos os dias você vai registrar a sua energia, humor, necessidades e em qual etapa do ciclo você está.

A lua e a menstruação

Apesar de nunca terem existido estudos profundos a respeito disso, por um longo tempo a conexão entre a lua e o ciclo menstrual das mulheres foi descartada, ignorada, negada e questionada. Para mim, os dois estão intimamente conectados. Eu realmente acredito que nossas ancestrais menstruavam no ritmo da lua e que concordariam que as luzes artificiais e nosso estilo de vida moderno reduziram a nossa conexão com o astro, assim como sua influência em nossos ciclos naturais.

O termo "menstruação" tem origem na palavra latina *mensis*, que significa mês, e na palavra grega *mene*, que significa lua. O ciclo mediano de uma mulher tem a mesma duração que o ciclo lunar, aproximadamente 29 dias, e, assim como a lua, as mulheres passam por fases diferentes nesse período.

Ao longo dos séculos, a lua tem sido conectada com a feminilidade e com a fertilidade. Nós podemos começar a observar em que momento menstruamos em relação à lua e fazer uso da sabedoria e poder dela em conjunto com os nossos. Lembre-se de que seu ciclo pode e vai mudar entre um mês e outro, e não há apenas um ciclo considerado certo nem melhor do que os outros. O que importa é prestar atenção aos seus ciclos e mensagens, e honrá-los da melhor maneira que for possível para você.

O ciclo da lua branca

Tradicionalmente, as mulheres menstruavam com a lua nova e ovulavam na lua cheia. Isso é conhecido como o ciclo da lua branca e espelha o próprio ciclo da lua, com você se voltando para dentro, se retraindo quando a lua também se retira do céu, e ficando no seu período mais fértil quando a lua está cheia.

Quando você sangra assim, está recebendo um convite para cuidar de si e dar ouvidos ao seu mundo interior, usando a lua nova e a menstruação para desacelerar ao máximo e acessar sua sabedoria e inteligência emocional profunda e femininas.

Esse é um ciclo fértil que indica a concepção de algo, seja a prontidão de se tornar mãe e criar vida, seja a idealização de um novo projeto. Enquanto você espelha a lua, ela leva você para a escuridão, em direção a suas esperanças, sonhos e desejos internos, e a ajuda a trazê-los à vida por meio do ciclo lunar seguinte. No entanto, essa criação só chega com o descanso e a quietude, e, se você sangra assim, a grande lição está em se render e receber. A lua nova e sua menstruação não são um período para "fazer", mas para descansar, recolher-se e coletar aquilo de que precisa. Quanto mais fizer isso, mais estará no ápice da sua energia, pronta para criar e brilhar durante a ovulação e a lua cheia.

O ciclo da lua rosa

Esse ciclo acontece quando você sangra com a lua crescente — a jornada da lua, que vai de nova à cheia, enquanto fica maior e mais brilhante no céu todas as noites. É um ciclo de crescimento, que indica que você está em uma jornada transformadora em sua vida, a caminho de algum lugar, seguindo em direção a algo.

É o ciclo para agir e fazer as coisas acontecerem em sua vida, explorando novas possibilidades e se movendo em outra direção. Use a sabedoria da menstruação para descobrir mais a respeito de si e para orientá-la sobre como você pode se posicionar no mundo, expandindo-se em direção a quem você quer ser.

O ciclo da lua vermelha

O ciclo da lua vermelha ocorre quando você menstrua na lua cheia e ovula na lua nova. É o ciclo das sacerdotisas, bruxas, curandeiras e mulheres da medicina. Essas teriam sido as mulheres que, no pico da energia de sua ovulação, cuidavam e zelavam pelas outras mulheres na tenda vermelha ou no alojamento lunar (veja página 232).

Quando você sangra assim, está sendo convidada a usar a sabedoria e o conhecimento que chegam com o sangue, combinados com o poder iluminador da lua cheia, para oferecer algo ao mundo. Use o período da menstruação para focar o que estão lhe pedindo para criar, oferecer e compartilhar com o mundo, ou em como você pode fazer a maior diferença para quem está ao seu redor.

Em vez de autocuidado, esse ciclo está focado no autodesenvolvimento ao usar os dias mais silenciosos da lua nova enquanto ovula para mergulhar fundo em como você pode crescer, se desenvolver e evoluir. É um tempo para estudo, autoquestionamento, autocompreensão e uso do poder da lua cheia para que seja mostrado a você aquilo de que precisa saber.

É um ciclo de magia, misticismo, cura e reconexão com a feiticeira e a curandeira interna, que mostram os dons, experiências e sabedoria que você tem a oferecer e que precisam ser compartilhados. Você está sendo convidada a assumir ainda mais seu poder em um ciclo de lua vermelha.

O ciclo da lua roxa

O ciclo da lua roxa é quando você sangra entre a lua cheia e a nova, enquanto a lua mingua e fica menor a cada noite no céu. Mais uma vez isso simboliza uma jornada transformadora em sua vida, mas, desta vez, com foco em um desapego e desprendimento profundos do que não mais a honra ou serve.

Use a sabedoria da sua menstruação para mostrar a você do que está na hora de se afastar, como precisa honrar mais a si mesma, seu tempo e energia, e onde precisa de mais descanso e tempo para si.

AFIRMAÇÕES PARA RESGATAR AS ESTAÇÕES E OS CICLOS

- ❍ "Eu honro as minhas estações e ciclos internos."
- ❍ "Eu não luto mais contra o meu ritmo natural."
- ❍ "Eu resgato o poder da minha menstruação."
- ❍ "Eu me movo no meu ritmo natural."
- ❍ "Eu escuto a sabedoria interior."

Agora que você resgatou suas estações e ciclos interiores, pode se mover no seu ritmo natural e, ao fazê-lo, pode honrar por completo a Deusa interior. Vamos levar conosco esse conhecimento interno e usá-lo para resgatar o seu propósito.

“Conhecer a si mesma é conhecer o seu propósito.”

Capítulo 12

RESGATE O SEU PROPÓSITO

Continuamos pelo Caminho da Deusa, indo agora em direção ao resgate do seu propósito.

Descobrir seu propósito a ajuda a ter um senso de direção, um significado na vida e uma razão para o porquê de você fazer o que faz. Torna-se uma força motivadora e a ajuda a sentir que está contribuindo com o mundo de maneira significativa — algo que, no final das contas, todas queremos sentir.

Ter uma vida com propósito é essencial para o bem-estar, além de ser uma das maneiras mais autênticas e sinceras de viver. Também acredito que encontrar e viver seu propósito faz parte da razão de você existir, faz parte do porquê de você estar aqui, e você e seu propósito são necessários no mundo.

Todas nós provavelmente questionamos nosso propósito de vez em quando, e até mesmo nos perguntamos se sequer temos um. Talvez tenhamos acreditado que, se ao menos conseguíssemos descobrir nosso propósito, então seríamos felizes/plenas/nos sentiríamos capazes de ser quem queremos ser. Uma das coisas sobre a qual mais me perguntam é como encontrar um propósito.

Muitas vezes, pensamos no propósito como algo elusivo e externo a nós, pelo qual estamos em uma busca constante. Ainda assim, ele sempre parece estar fora do nosso alcance, e nunca conseguimos chegar a ele, o que faz com que nos sintamos perdidas, vazias e desorientadas. Temos a tendência de esperar que o mundo externo forneça propósito e significado à nossa vida, mas, ao fazer isso, nos perdemos ainda mais. Ou pensamos que nosso propósito deve ser algo enorme e revolucionário, que nos pedirá para abrir mão de tudo, sair do nosso trabalho, fugir para a Índia e nos tornar uma professora de ioga. Apesar de esse chamado poder ser verdade para algumas pessoas (eu que o diga!), não será igual para todo mundo.

Também caímos muitas vezes na armadilha de achar que nosso propósito deve ser nosso emprego, e, em diversas instâncias, isso pode até ser verdade, mas não necessariamente. A probabilidade é que, quanto mais você começar a perceber, conhecer e confiar no seu propósito, mais se sentirá naturalmente chamada a compartilhá-lo com o mundo. Mas o seu emprego também tem a permissão de ser simplesmente um emprego, um lugar em que você trabalha e ganha dinheiro, com o seu propósito podendo existir além disso. Você pode encontrar um propósito, uma vocação, e não receber um salário por ele, como contribuir com a sua família, comunidade e todas as pessoas com quem tem contato, daquela maneira que só você consegue.

Porque a verdade é que — e aqui vai um grandíssimo alerta de spoiler — o seu propósito é VOCÊ. Você é o seu propósito. Não existe mais ninguém no mundo como você. Mais ninguém consegue fazer as coisas da mesma maneira que você faz, ou compartilhar as coisas da maneira que você compartilha, ou ainda dizer as coisas da maneira que você diz. O seu propósito principal neste mundo é simplesmente ser mais você. Só isso. A sua alma não veio para cá para ser qualquer outra pessoa; ela veio para ser você e para trazer consigo o que só você tem a oferecer.

Para algumas pessoas, o propósito delas é ser mãe e ficar em casa criando a próxima geração de humanos brilhantes. Para outras, é ser uma gerente de escritório e, gerenciando de uma forma compassiva, amorosa e gentil, elas mudam a vida não só dos funcionários, mas dos amigos e familiares deles, pois se sentem mais feliz, seguros e confiantes no trabalho, o que acaba transbordando na vida pessoal. O seu propósito talvez seja ser o melhor ouvinte possível para as pessoas ao redor, influenciando a vida delas com o fato de que se sentem ouvidas, amparadas e compreendidas. Também pode ser compartilhar as suas experiências para que outros saibam que não estão sozinhos, ou compartilhar a sabedoria das suas experiências para ajudar o próximo. Pode, ainda, ser curar a si mesma para não continuar repetindo ciclos e padrões. Pode ser lutar por causas sociais ou trazer tanta alegria quanto puder para a vida de quem está perto de você.

Depois de ter avançado pelo Caminho da Deusa quase até o fim, eu realmente espero que agora você saiba seu valor, merecimento, e tenha noção do que tem a oferecer ao mundo simplesmente sendo você. Espero que tenha resgatado e libertado a sua Deusa interior, e que conheça e confie em si mesma como nunca. Espero que esteja pronta para resgatar seu propósito e começar a oferecer ao mundo o que só você pode oferecer: VOCÊ. Porque precisamos de você; o mundo precisa de você e do que você tem a oferecer.

Vamos agora dar uma olhada em maneiras de fazer isso...

Conhecer a si mesma é conhecer o seu propósito

Como vimos, o propósito não é algo que está fora de você — ele já está dentro de você. É impossível começar a conhecer o seu propósito se você não se conhecer. Então passe um tempo consigo, conheça a si mesma, reflita sobre o que a faz ser única, o que você tem a oferecer ao mundo e o que se sente chamada a compartilhar, e então comece a compartilhar a si mesma com todos ao redor. Quanto mais puder ser você e se oferecer ao mundo, mais seu propósito ficará claro.

Seja sincera ao pensar no seu posicionamento no dia a dia: você se manifesta com todo o seu eu ou ainda se reprime e diminui partes de si? Restringe sua verdade ou vive fora de alinhamento com os seus valores em certas áreas da vida? Quando passar a se expressar em toda a sua presença e autenticidade, começará a se sentir mais viva e com mais propósito.

Volte-se para dentro e sinta o que a Deusa quer criar, gerar e trazer à luz por meio de você — qual é a sua maior paixão, o que está mais vivo dentro de você, no que você é boa ou do que você sabe muito, quais experiências você tem e poderia compartilhar para ajudar e apoiar os outros?

Todo sonho e desejo dentro de você fazem parte do seu propósito — eles estão lá para que você os traga à vida. Eu realmente acredito que nunca temos sonhos sem também ter os meios para alcançá-los — mas eles também estão enterrados bem fundo dentro de nós e precisam ser encontrados e descobertos enquanto você se permite crescer mais como a Deusa que veio aqui para ser.

Você veio para cá por uma razão. Cada uma de nós está aqui por um propósito, e o mundo simplesmente não seria o mesmo sem você nele. É seu dever não se esconder nem negar ao mundo o seu propósito, mas saber que o seu propósito é ser você, e começar a oferecer ao mundo tudo o que você é e tudo que você tem.

Ritual de resgate

Durante a próxima semana, viva a sua vida como se estivesse completamente alinhada com o seu propósito. Como se cada conversa, cada interação, cada desafio que surge, cada ação que você faz, cada decisão que você toma e todos os dias que você acorda estivessem alinhados ao seu propósito.

Como você se sentiria ao ter a verdadeira sensação de estar vivendo de acordo com o seu propósito? Porque você está; a sua vida toda é o seu propósito. Veja o que muda ao longo da semana ao acreditar total e plenamente nisso.

Faça da sua vida toda o seu propósito

É importante perceber que o seu propósito não só pode como vai mudar ao longo da vida, conforme você for evoluindo e crescendo enquanto pessoa. Por exemplo, os meus vários propósitos já foram curandeira com cristais, professora de ioga, mentora lunar e autora — apenas para citar alguns, e cada um deles continuou a me levar na direção de ainda mais propósito.

É provável que você também tenha muitos "pequenos" propósitos ao longo da vida, como curar traumas ancestrais, ou ensinar algo a alguém, ou ter uma família, ou fazer a diferença no negócio/indústria/empresa em que trabalha, ou ajudar alguém em sua vida a se curar. Por ora, o seu crescimento pessoal e a sua jornada pelo Caminho da Deusa podem ser seu propósito, já que estão lhe ensinando mais a respeito de quem você é, do que você quer e do que pode oferecer.

A única maneira de realizar o seu propósito e continuar recebendo mais partes da missão da sua alma é seguir crescendo e se tornando cada vez mais você mesma. Se quiser ter um grande propósito na vida, precisa continuar se desenvolvendo e evoluindo em direção àquela versão sua que consegue abraçá-lo.

Quando soube que queria ir para a Índia e ser professora de ioga, levei quase dois anos para chegar lá. Eu me trancava no banheiro do meu trabalho corporativo e chorava todos os dias, perguntando a mim mesma por que o meu sonho não estava se tornando realidade. Mas agora sei que, se tivesse ido dois anos antes, eu não estaria sentada aqui escrevendo este livro. Eu não estava pronta. Minha alma sabia que ainda havia coisas a aprender e maneiras pelas quais eu precisava crescer e evoluir, até estar pronta para a próxima parte da minha jornada. E, assim, o meu propósito naquela época era continuar estudando, aprofundando a minha fé e confiança no universo, praticando ioga, trabalhando de forma mais profunda com a energia da Deusa, com os cristais, manifestando, visualizando de maneira criativa, meditando e orando. Eu não enxergava isso na época, mas todas essas coisas estavam me trazendo até este momento e até o meu propósito atual. Uso todas essas ferramentas na minha vida e no meu ensino, e tenho décadas de experiência incorporando isso tudo para que, hoje em dia, possa compartilhá-las com você.

Você talvez olhe para mim e diga: "Bem, deu tudo certo para você, que conhece e está vivendo o seu propósito." E, sim, isso é verdade. Mas passei décadas com propósitos menores, avançando em direção ao propósito que você está vendo hoje. Por isso, comece a ver tudo que acontece em sua vida como algo propositado e como uma maneira de aprender, crescer e se aproximar da Deusa. Mesmo se, por ora, estiver "presa" a um emprego corporativo que sabe que não é o seu propósito, pergunte-se de que modo pode aprender e crescer como ser humano e como alma, por meio dessa experiência. De que modo você pode levar ainda mais de si e do seu propósito para o local de trabalho e se posicionar, se expressar, ser vista e se permitir ser guiada pela Deusa?

O seu propósito não é uma solução rápida que um dia você vai descobrir, e toda a sua vida mudará. Em vez disso, sua vida mudará quando você começar a viver como se ela estivesse totalmente alinhada com seu propósito, como sugeri no último ritual de resgate. Quanto mais fizer isso, mais perceberá que todos esses pequenos propósitos a levarão para mais perto de viver o seu propósito mais profundo. A Deusa tem um plano para você; tudo o que você precisa fazer é confiar nela e se deixar levar.

Ritual de resgate

Separe um tempinho para identificar todos os pequenos propósitos que a trouxeram até aqui. Escreva sobre cada um deles, o que a ensinaram, como a ajudaram a descobrir ou a se tornar mais você mesma e como a trouxeram até aqui, até este momento. Então, comece a explorar como você, neste instante da sua vida, está sendo convidada a assumir ainda mais o seu propósito — qual poderia ser o seu propósito hoje? O que você poderia estudar, aprender ou fazer diferente nesta semana para talvez ir em direção a ele? Lembre-se de que é muito improvável que qualquer uma de nós acorde um dia e acabe dando de cara com o nosso exato propósito — precisamos, primeiro, passar pelos pequenos propósitos enquanto exploramos e descobrimos a respeito daquele mais profundo.

Por exemplo, se você sempre se interessou por coaching de vida, faça um curso. Pode acabar nunca se tornando uma coach de vida, mas a jornada em direção a isso pode lhe mostrar outros ângulos do seu propósito. Tudo o que leva você para mais perto de si mesma e expande seu conhecimento e sabedoria está fazendo você avançar ainda mais pelo Caminho da Deusa e está orientando você em direção a mais propósito.

Confie e siga o seu propósito

Esta é a parte assustadora, e a parte que muitas pessoas não querem fazer, então esperam o propósito elusivo bater à porta (o que raramente acontece). Você precisa confiar, seguir e viver o seu propósito, pois isso faz parte de se expandir em direção a ele. Se tem algo a dizer, diga. Se tem algo a compartilhar, compartilhe. Se sentir um impulso intuitivo para fazer algo, faça. Pode ser que, na hora, pareça não fazer muito sentido, mas a intuição e o propósito tendem a não fazer, porque são parte da jornada de confiança e descoberta que a leva cada vez mais em direção a mais propósito.

Você pode sentir um pequeno incômodo interior lhe pedindo que comece a cuidar de si e da sua saúde, o que, em algum momento, leva você a compartilhar a sua jornada e a criar um negócio para ajudar os outros a fazerem o mesmo. Pode sentir uma necessidade avassaladora de se posicionar com todo seu poder e força e se expressar, ou ter coragem o bastante para sair de um relacionamento que não está mais funcionando, e os outros podem ver isso e ficar inspirados o bastante para fazer a mesma coisa por si. Você pode até acabar virando coach e apoiando outras mulheres em situações parecidas.

Talvez exista uma voz que lhe diga que há muitas, muitas outras pessoas já fazendo o que você quer fazer, que você não sabe o suficiente nem faz coisas o bastante para causar alguma diferença no mundo, que este não é o momento certo ou que vai esperar até que isto ou aquilo aconteça — isso para mostrar que algo sempre a impedirá, se você deixar. Porque, sinceramente, talvez haja centenas de outras pessoas fazendo o que você quer fazer, mas nenhuma delas fará do seu jeito. Eu trabalho com a lua há quase 15 anos, desde muito antes de ser algo tão popular como hoje. E, quando comecei a compartilhar o trabalho transformador do *Lunar Living*, eu era muitas vezes ridicularizada ou depreciada, e poucas pessoas me davam ouvidos. Mas eu simplesmente não podia deixar de compartilhar isso — era, e ainda é, parte do meu propósito, e algo em mim me fez continuar seguindo em frente, e sou muito grata por ter feito isso.

Rituais de resgate

Descubra mais do seu propósito todos os dias

Descubra qual é a sensação do seu propósito, ou a essência, ou o porquê, então pratique mais disso todos os dias. O que mais faz você sentir que está mais alinhada com seu propósito? É ajudar as pessoas, criar mudanças, ser uma líder, conversar com os outros, inventar algo, ser a voz daqueles que não a têm, trabalhar com crianças, estar no palco, elevar mulheres, escrever, compartilhar a sua paixão por números, cristais ou música? Seja lá o que for, comece a fazer mais disso em sua rotina com as pessoas que você já tem ao seu redor.

Escreva um currículo de "experiência de vida"

Em vez daquele currículo padrão que lista experiências com educação e trabalho, quero que você escreva um que liste as suas experiências de vida e o que aprendeu. Anote tudo e qualquer coisa que faz de você "qualificada" a ser você mesma e a compartilhar o seu propósito com o mundo. Liste todos os seus dons e talentos naturais, assim como os principais momentos de mudança, curvas de aprendizado e desafios, e tudo o que você superou.

Escreva sobre o propósito

Escreva todos os dias a respeito de como você já está inspirando todos ao seu redor — como as suas palavras, presença, conselho, sabedoria, ensinamentos e o fato de que você simplesmente estar sendo você e se fazendo presente em sua Deusa já está inspirando todos com quem você tem contato.

INVOQUE A DEUSA

Brígida é a Deusa celta da primavera, fertilidade, magia, cura, clarividência e divinação. Ela é considerada uma Deusa tríplice, com três papéis ou propósitos: Deusa das águas curativas, Deusa da chama sagrada e Deusa da terra fértil.

O nome dela significa "a exaltada", "flecha ardente" ou "a brilhante" e, portanto, ajuda você a começar a enxergar e a assumir seu potencial completo, a crescer e se transformar em tudo o que você pode ser, a se permitir começar a brilhar intensamente e a buscar o que quer.

Deusa da sabedoria e da inspiração, ela ajudará você a descobrir os seus dons e talentos únicos, e encorajará você a compartilhá-los com as pessoas ao redor e com o mundo. Ela traz abundância, fertilidade, energia da força vital e novos começos, ajudando-a a reconhecer e a concretizar as sementes dos sonhos dentro de você e transformá-los em realidade.

Expurgue as dúvidas

Como guardiã das nascentes e dos poços de cura, Brígida ajudará você a curar e a expurgar as dúvidas e os medos que a impedem de se conhecer e de se posicionar na totalidade do seu propósito.

Quando notar que está em uma espiral de dúvidas quanto a não ter nada a oferecer ou quando estiver se impedindo de avançar, faça um ritual em uma banheira ou tome uma ducha. Você pode até visitar o mar, um lago ou um riacho, se houver algum por perto. Enquanto imerge na água, convide Brígida e peça a ela para expurgar as suas dúvidas enquanto sente as águas curativas dela limparem os seus medos.

Cuide da sua chama interior

Feche os olhos. Chame Brígida e deixe que ela mostre a chama do propósito que arde dentro de você. É a centelha divina de energia da força vital que é única a você — apenas a você. Todos os dias, com a ajuda de Brígida, visualize a chama interior e veja-a crescer e brilhar com cada vez mais intensidade. Permita que a luz da chama sagrada comece a tomar conta do seu corpo todo, para que você passe a radiar e a resplandecer seu propósito interior. Toda vez que sentir que a chama está fraca, pense em como pode cuidar dela e trazer mais luz à sua chama do propósito.

Nutra as sementes do seu propósito

Visualize pequenas sementes do propósito que foram plantadas em seu interior e que apenas você é capaz de gerar. Do que essas sementes precisam para crescer e ganhar vida? Quando plantamos sementes físicas, precisamos regá-las, fertilizá-las, talvez replantá-las, garantir que recebam luz o suficiente, além de fazer tudo o que for possível para ajudá-las a crescer. Faça a mesma coisa pelas suas sementes interiores. Chame Brígida para auxiliá-la a manter seu mundo interior fértil e garantir que esteja dando a si mesma as condições corretas para crescer e se transformar em sua versão com mais propósito.

Incorpore os arquétipos

A rainha

Invoque a sua rainha interior para ajudá-la a saber que você está aqui por um propósito e que tem algo valioso para oferecer ao mundo simplesmente sendo você. Deixe que ela lhe ensine o jeito de resgatar o lugar, por direito, do seu propósito no mundo.

A sacerdotisa

Permita que a sua sacerdotisa interior ensine você a devotar-se profundamente a si mesma e, portanto, ao seu propósito. Ela a ajudará a confiar na orientação que levará você adiante pelo seu caminho do propósito.

Ore pelo seu propósito

Comece todos os dias com uma oração pelo seu propósito. Encontre palavras próprias para o que parece certo para você, mas peça que lhe mostrem como pode fazer mais diferença e estar mais alinhada com seu propósito. Peça que o universo e a Deusa fluam por você e a usem das melhores maneiras possíveis para fazer a maior diferença no mundo. Ou simplesmente pergunte "Como posso ajudar?" quantas vezes puder. Este é o seu propósito: ajudar e ser mais você mesma.

AFIRMAÇÕES PARA RESGATAR O SEU PROPÓSITO

- “Eu sou o meu propósito.”
- “O meu propósito é ser eu mesma.”
- “O meu propósito fica mais claro a cada dia.”
- “Eu estou sempre sendo guiada em direção a mais propósito.”
- “Eu vivo uma vida com propósito.”
- “Eu faço a diferença todos os dias.”

Espero de verdade que, após este capítulo, você agora saiba que o seu único propósito é permitir que o mundo tenha mais do presente que você é. Nós precisamos de você, assim como da Deusa que você é. Está na hora de resgatar VOCÊ.

"Você é a Deusa de
que todos precisamos.
Você é a Deusa pela
qual sempre esperou."

Capítulo 13

RESGATE VOCÊ

Então, aqui estamos, meus amores, no final do Caminho da Deusa. Eu realmente espero que tenha sido uma iluminada jornada de autodescoberta, autoconsciência, autoanálise e, acima de tudo, resgate e recordação de tudo que você é. Está na hora de você se reintroduzir no mundo e reemergir como a verdadeira Deusa que veio aqui para ser.

Eu acredito de verdade que um dos melhores elogios que alguém pode nos dar é: "Você mudou." Muitas vezes usada como insulto, essa frase é, na verdade, a confirmação de que estamos evoluindo, crescendo e nos transformando da maneira que estávamos destinadas a fazer na nossa jornada de vida. Não viemos até aqui para permanecer iguais, continuar estagnadas na zona de conforto nem viver sob o fardo da opinião e da expectativa dos outros. Viemos descobrir quem somos e qual papel e propósito temos no mundo em constante estado de desenvolvimento, do qual fazemos parte.

Espero que você tenha mudado em sua jornada pelo Caminho da Deusa. Espero que possa olhar para trás, para quem você era quando começou a jornada, e abraçar essa sua versão, com muito carinho por tudo o que ela estava prestes a descobrir sobre si mesma. Agora, tire um tempo para refletir a respeito da jornada. Olhe para quem você era no começo. Você pode escrever uma carta para ela com todas as coisas que gostaria de ter escutado. Olhe para as lições, desafios, crescimentos, lágrimas, alegrias, pontos altos, pontos baixos e todo o resto. Realmente separe um tempo, aqui, para processar, celebrar e integrar a sua jornada.

Se eu fosse perguntar a você agora, ao final da jornada, quem você é, o que você me diria? No Capítulo 2, eu disse que: "Ao final do livro, quero que seja capaz de me dizer quem você é. Quero que seja capaz de me contar a respeito da sua grandiosidade, do seu valor e do seu propósito. Quero que seja capaz de me contar seus valores, esperanças, sonhos e desejos, seu lado selvagem, seu lado sombrio, no que é boa, o que a faz feliz, o que tem para oferecer ao mundo e tudo o que compõe a sua essência."

Realmente espero que você consiga me contar tudo isso agora.

A notícia mais emocionante de todas é que isso não acaba aqui — este é só o início de tudo. Você está apenas começando e, conforme for convidando mais da Deusa para a sua vida e se mostrando mais presente como ela, a vida só ficará cada vez melhor.

Vamos agora dar uma olhada em algumas maneiras de manter a magia viva, enquanto você retorna ao mundo e leva o trabalho mágico e transformador com você.

INVOQUE A DEUSA

A Deusa que agora invocamos é **você**. Para se fazer presente, ser vista, brilhar no mundo e oferecer aquilo de que apenas você é capaz. Você é a Deusa de que precisamos. Mas, se alguma vez sentir qualquer dúvida a respeito disso, saiba que tem um time todo de Deusas ao seu lado, tanto visíveis quanto invisíveis, torcendo por você.

De agora em diante, comece a viver como a Deusa. Visualize a sua Deusa interior, a energia sagrada feminina que quer tecer e criar coisas no mundo por meio de você. Imagine-se como ela, sinta-a e comece a se mover pelo mundo como ela. Caminhe pela rua como a Deusa, faça as suas compras no supermercado como a Deusa, compareça às reuniões de trabalho como a Deusa, busque as crianças na escola como a Deusa, comece a viver a sua vida como ela.

Veja se, de vez em quando, consegue viver um dia todo dedicado à Deusa — um momento no qual você permite que o sagrado feminino flua durante todo o seu dia. Isso pode significar começar o dia às 11 horas, porque Shakti quer uma manhã mais lenta, ou um banho às 14 horas, porque Shakti quer se luxuriar com algumas bolhas. Coma as suas refeições devagar e saboreie cada mordida, beba o café pela manhã como se fosse a melhor coisa que você já experimentou. Convide o máximo de prazer e ritmo ao seu dia e simplesmente siga a Deusa até onde ela quiser guiá-la.

Ritual de resgate

Reapresente-se. Quem é você agora? O que você quer, precisa, deseja e acredita? Como está comprometida a se fazer presente no mundo por completo? Qual é a sua verdade, seu propósito, sua oferenda? O que você não aceita e não permite mais? O que você está convidando e acolhendo?

Este é o momento em que é possível resgatar todo o seu poder divino e reemergir no mundo como tudo o que você veio ser. Faça isso agora. Escreva sobre quem você é hoje, ao final da jornada, e faça algumas promessas em relação a como começará a se mostrar ao mundo de maneira mais parecida com a Deusa que você é e como continuará mantendo essa jornada viva.

Talvez possa fazer uma visualização do seu eu futuro, na qual você se imagina daqui a seis meses. Com uma autoconfiança recém-descoberta e sabendo do que é capaz, veja tudo o que quer ter criado em sua vida até lá e em quem está se transformando. Agora, comece a se transformar nela em sua rotina. Como essa sua versão futura da Deusa fala, pensa, age e se posiciona no mundo? Comece a incorporá-la, expanda-se na direção dela, transforme-se nela. Chame a Deusa e as suas irmãs quando precisar; saiba que você não precisa avançar por essa jornada sozinha.

AFIRMAÇÕES PARA RESGATAR VOCÊ

- "Eu sou a Deusa pela qual o mundo esperava."
- "Eu resgato todo o meu poder divino."
- "Eu me permito ser vista por completo e brilhar."
- "Eu incorporo, me expando e me torno a Deusa."
- "Eu vivo como a Deusa."
- "Eu permito que a energia sagrada feminina tenha influência e crie por meio de mim."

OBRIGADA

Muito obrigada por ter embarcado nesta jornada. Por ter me permitido ser a sua guia ao longo do caminho. Por ter tido coragem o bastante para mergulhar em suas profundezas e resgatar a Deusa dentro de si. Eu preciso de você, nós precisamos de você, o mundo precisa de você e de todo o seu poder e magia divinos.

Sinto as lágrimas escorrendo pelo meu rosto enquanto escrevo estas palavras finais, pois estou muitíssimo orgulhosa de você, da sua jornada e de tudo que ainda está por vir. Você não tem ideia da diferença que faz no mundo ao simplesmente ser você, nem de quantas pessoas inspirará a percorrerem o Caminho da Deusa.

Realmente espero que agora saiba o quanto é especial, linda, poderosa, merecedora e cheia de propósito. Você é uma Deusa, nunca se esqueça disso. E, se algum dia se esquecer, tanto as Deusas quanto eu estaremos aqui para lembrá-la.

Por favor, compartilhe comigo sua jornada e suas experiências ao longo do Caminho da Deusa, marcando-me no Instagram (@kirsty_gallagher_). Eu sempre amo receber mensagens de vocês.

Do fundo do meu coração, obrigada.

GLOSSÁRIO DA DEUSA

Afrodite: Deusa do amor, da beleza, da fertilidade, da prosperidade e do desejo, ela ensina a você a arte do amor-próprio e do recebimento.

Ártemis: Deusa da lua, da natureza e das selvas, ela ensina a você a como expressar e acolher suas emoções.

Atena: Deusa da guerra e da sabedoria, ela dará a você força, poder e coragem quando mais precisar.

Brígida: Deusa da primavera, das águas curativas, da chama sagrada e da terra fértil, ela a ajudará a enxergar todo o seu potencial e a crescer e se transformar em tudo o que você pode ser.

Cerridwen: guardiã do caldeirão de conhecimento, transformação e mudança, ela é a Deusa a ser chamada quando você estiver pronta para mudar e se transformar.

Durga: Deusa guerreira da proteção e da força, ela é quem você deve invocar quando precisar acessar a fonte verdadeira do seu poder e conhecimento interiores.

Eresquigal: Deusa do submundo, ela ajudará você a mergulhar na autorreflexão, a descobrir as profundezas do mundo interior e tudo o que você tem escondido, e a enxergar a verdade de quem você é.

Gaia: Deusa da terra e mãe ancestral de toda a vida, ela provê ancoramento, estabilidade e segurança.

Hécate: rainha das bruxas, da magia, das encruzilhadas, da noite e da lua, ela a ajudará a definir limites e a encontrar o caminho quando estiver perdida.

Ísis: a grande curandeira e Deusa da magia e da proteção, ela ajudará você a explorar as vidas passadas e a despertar os seus poderes de cura interiores.

Kali: Deusa do tempo, da vida, da morte, da criação e da destruição, ela ajuda você a se desapegar, resgatar o seu poder e transformar a sua vida.

Lilith: uma Deusa das Sombras que representa a rebelião, a liberdade, a independência e o empoderamento feminino, ela é a Deusa que você deve chamar quando estiver perdida ou precisar expressar o seu verdadeiro eu.

Maat: Deusa da sabedoria, da verdade e da ordem cósmica, ela ajudará você a encontrar a sua voz e a falar a sua verdade vinda de dentro.

Morrígan: uma Deusa metamorfa e tríplice, Morrígan ajudará você a enfrentar os seus medos mais profundos e a revelar quaisquer partes suas que você escondeu por vergonha.

Nix: Deusa da noite e da escuridão, Nix a ajudará a encarar medos, descobrir as suas verdades mais profundas e encontrar segurança na escuridão, não mais temendo as sombras.

Oxum: Deusa da feminilidade, da fertilidade e da sensualidade, ela ensinará você a fluir com a vida e a despertar a sua criatividade e sensualidade.

Perséfone: Deusa da primavera, Perséfone passa metade do ano no submundo. Ela ensinará você a como abraçar as suas sombras sem perder a luz e a como se manter fiel a si mesma.

Ragana: Deusa da bruxaria, ela ajudará você a parar de se esconder, revelando mais do seu verdadeiro eu ao mundo.

Rhiannon: Deusa da cura, da transformação e do renascimento, ela traz força e coragem, e nos ensina a perdoar.

Sarasvati: Deusa do ritmo, da expressão e da sabedoria feminina, ela ajudará você a despertar a sua criatividade e intuição.

Vênus: similar à irmã grega Afrodite, ela ensinará você a reconhecer os próprios valores, cultivar o amor-próprio e cuidar de si mesma.

NOTAS FINAIS

1. **MENTAL HEALTH FOUNDATION.** Stressed nation: 74% of UK "overwhelmed or unable to cope" at some point in the past year. 14 de mai. de 2018. Disponível em: https://www.mentalhealth.org.uk/about-us/news/survey-stressed-nation-UK-overwhelmed-unable-to-cope; **CIPHR**. Workplace stress statistics in the UK. [s.d.]. Disponível em: https://www.ciphr.com/workplace-stress-statistics/; **BOWLING, G.** Why women are more at risk of burnout. *Nuffield Health,* 7 de out. de 2022. Disponível em: https://www.nuffieldhealth.com/article/why-women-are-more-at-risk-of-burnout.
2. **RODRIGUEZ, L.** When will accurate period ads stop getting banned? *Global Citizen,* 9 de out. de 2020. Disponível em: https://www.globalcitizen.org/en/content/facebook-banned-modibodi-period-ad/; **HARVEY-JENNER, C.** The first ever advert showing period blood has arrived. *Cosmopolitan,* 17 de out. de 2020. Disponível em: https://www.cosmopolitan.com/uk/reports/a13034226/bodyform-advert-first-show-period-blood/.

AGRADECIMENTOS

Agradeço à minha maravilhosa família: Sandra, Kylie, Kerry, Liam, Stephanie, Soraya, Jake, Chloe, Edward, Isaac e meu falecido avô Donald. Eu amo todos vocês e sou muito grata por sempre me amarem e me apoiarem.

A Sam, você é a minha pessoa. Obrigada por sempre caminhar ao meu lado e pelo seu apoio e encorajamento infinitos. Ao meu afilhado Harley e à minha família galesa, muito obrigada.

Obrigada a Holly Whitaker. Eu amo fazer livros com você! Obrigada por sempre acreditar em mim.

Obrigada, minha nova família na editora Ebury — estou muito animada com nossa jornada juntos. Menção especial para Alice Gordge e Ellie Crisp, por todo o trabalho duro e apoio, e para Mylène Mozas-Sauvignon, por ter criado uma capa tão linda.

À minha copidesque Julia Kellaway, obrigada por edições tão atenciosas e úteis, e por tornar o processo mais fácil e agradável.

Obrigada, também, a Alex Cameron, pelas fotos lindas, e ao time da WillCarne, pelos vídeos.

Obrigada a Fearne Cotton (e à sua família brilhante), pela amizade e pelo apoio, e ao Happy Place, por me receber como parte da família. Eu amo contribuir com o aplicativo e os festivais, e agora amo fazer livros com vocês.

À minha irmã nortenha Melanie C., obrigada por ser você e pelo seu apoio e amizade.

À Deusa, pois isto não seria possível sem você. Obrigada por integrar a sua magia na minha vida e me guiar ao longo da jornada. É por você.

Se estiver segurando este livro, obrigada por me permitir compartilhar a sabedoria das Deusas com você. Realmente espero que o livro a guie em uma jornada de autodescoberta para resgatar o seu eu mais intuitivo, autêntico e poderoso. Eu sempre amo ouvir sobre vocês, então, por favor, compartilhem a sua magia da Deusa comigo.

À minha irmandade online *Lunar Living*, obrigada por todo o seu apoio, pelo amor lunar e por serem a melhor irmandade de todas. Minha gratidão infinita à minha mão direita, Helen Elias. Nada que eu faço seria o mesmo sem você.

Obrigada a todos no meu Instagram e comunidade online. Vocês são a comunidade mais acolhedora e mágica de todas. Obrigada por sempre se fazerem presentes para si mesmas e para cada uma. Lembre-se: você nunca está sozinha, você consegue, eu estou com você, nós estamos juntas. Só estamos começando, e ainda há muito pela frente.

Obrigada a Chris Evans, Tash e família, por todo o seu apoio e amizade, e a todos do *Breakfast Show* e do time do CarFest, por me permitirem compartilhar a magia da lua e o meu trabalho com a nação. Amo todos vocês.

Obrigada, também, ao *This Morning*, Mind Body Spirit, Peligoni, Stylist Warehouse, às revistas *YOU*, *Red* e *Happiful*, e a todos que me convidaram a podcasts ou lives para compartilhar o meu trabalho.

Obrigada a Zoe e Morgan, pela sua joalheria mágica.

Menções especiais para estas pessoas especiais na minha vida, vocês sabem quem são e o que fazem: Becki Rabin; Julie Morrow; Brett Waters; Lisa Strong; minhas bruxas da Costa Rica: Soulla e

Lyah; Rebecca Dennis; Rangan e Vidh Chatterje; Caggie Dunlop e Ian Steed.

Se eu não disse o seu nome, não é porque foi esquecido ou porque não sou grata. É simplesmente porque fui abençoada com muitas pessoas maravilhosas tocando a minha vida, e são poucas páginas restantes para mencionar todos vocês — precisaria de todo um outro livro! Se você fez parte da minha vida de alguma maneira, obrigada.

Anotações

Anotações

Anotações

Anotações

Anotações

Anotações

Anotações

Anotações

Anotações

Impressão e Acabamento
GRÁFICA GRAFILAR